叢書 7 THINK OUR EARTH 地球発見

近代ツーリズムと温泉

関戸明子

ナカニシヤ出版

まえがき

温泉ブームといわれるようになって久しい。近年では、ホンモノ志向から源泉掛け流しの湯や伝統的な温泉情緒を楽しむことのできる温泉の人気が高まっているようだ。いまや、ガイドブック・雑誌の記事・インターネットなど、温泉に関する情報はあらゆるところに氾濫している。

温泉は古くから人気のある旅行目的地であり、湯治場として利用されてきたことから、歴史的な資料が多く残されている。江戸期の旅行案内書でよく知られているのは、文化七年（一八一〇）に出版された八隅蘆菴《やすみろあん》の『旅行用心集』である。このなかでは、諸国二九二か所の温泉が列挙され、温泉の選び方や湯治の仕方が案内されている。ただし、徒歩による旅の時代、温泉に出かけることができたのは、近隣農民が農閑期を利用して湯治に行くか、社寺参詣などの途中に立ち寄るか、いずれにせよ限られた人々であった。

近代日本におけるツーリズムは、全国的な鉄道網の形成にともない急速に発達した。それは、第一次世界大戦後の一九二〇年代から三〇年代にかけてのことで、登山・ハイキング・スキー・海水浴・避暑などの人気が高まった。そうしたなかで、エリート・知識人や都市中間層だけでなく、農民から工場労働者まで、幅広い層によって支持されたのが温泉であった。

　ツーリズムが拡大していく条件には、経済的に豊かで休暇を取ることができる人々の増加、安全に早く移動できる交通基盤の整備、メディアによる観光情報の普及、受け入れ地におけるサービスの充実などがあげられる。これらは、近代を象徴する現象といえる。

　ちなみに、第二次世界大戦前においては観光統計がほとんど整備されておらず、実証的なデータを得ることは難しい。そうしたなかで、温泉の入浴客数に関しては、内務省衛生局の報告書などによって全国的な数値が得られ、かつ経年的な変化もかなり把握することができる。本書では明治初期から第二次世界大戦期までを対象時期として、こうした入浴客のデータを活用しつつ、温泉旅行が大衆化し、湯治場から観光地へと変容していく過程を考察する。あわせて、ツーリズムの発達を支えた、温泉地への交通手段の改善、温泉にかかわるメディアの展開についても取り上げていく。

　本書の構成は次のとおりである。第1章では、温泉に関する案内書を概観する。論点を先取りしていえば、この時代には、内務省衛生局や鉄道院・鉄道省による官製出版物が主導的な役割を担い、厚生資源としての温泉の活用や鉄道の営業収入の増大を図ったのである。第2章では、明治一九年（一八八六）の『日本鉱泉誌』をもとに、鉄道旅行普及以前の温泉地の様相を描く。第3章では、大正一二年（一九二三）の『全国温泉鉱泉ニ関スル調査』などを手がかりに、鉄道旅行の普及により多数の入浴客を迎えるようになった温泉地の様相を把握する。第4章では、昭和初期の二つのメディア・イベントを取り上げて、温泉の人気投票に熱狂した各地の動向を跡づける。第5章では、東京周辺の温泉地を事例に、鉄道省編纂の『温泉案内』の分析によって、療養・保養・行楽・慰安と温泉地の特色が分化していったことを示す。第6章では、温泉厚生運動の展開と日本温泉協会の活動をたどりつつ、戦時下における温泉旅行の興隆と終焉について記す。

本書には、温泉案内書だけでなく、鳥瞰図、絵はがき、リーフレット、広告などを数多く掲載した。これらの図から、温泉地のありさま、広告の意図などを読み取りたい。なお、本書に掲載した図書、鳥瞰図、絵はがき、リーフレットについては、所蔵機関を示したもの以外は、筆者の手元にあるものを用いた。また、表題や引用文などに使用されている旧字体は原則として常用漢字に改めている。

目次

近代ツーリズムと温泉

叢書・地球発見7

［企画委員］

千田　稔
山野正彦
金田章裕

1　温泉案内書の系譜

温泉案内書には、研究者や実務家向けの専門的な内容をもつものと、大衆向けの実用本位のものとの二つに分けられる。とはいえ、厳密な線引きが難しい案内書も少なくない。ここでは、次章以下で活用する温泉案内書の系譜について、まず概観しておきたい。

1　西洋科学の影響

西洋科学にもとづく温泉研究は、鎖国政策下でまったく途絶していたわけではない。たとえば、蘭学者の宇田川榕菴《ようあん》（一七九八〜一八四六）は、文政一一年（一八二八）頃から、伊豆熱海・修善寺、摂津有馬、美作湯原・湯郷、信濃諏訪、羽前赤湯・五色、伊勢菰野《こもの》、加賀山代・山中などの温泉の化学的分析を行い、「諸国温泉試説」に遺している（藤浪剛一『温泉知識』昭和一三年／一九三八）。ただし、こうした成果は直接的に参照されることなく、明治維新後の温泉研究は、お雇い外国人による科学知識の導入によって、新たに出発することになる。

●ヘールツ『日本温泉独案内』

アントン・ヨハネス・コルネリウス・ヘールツ（一八四三〜八三）は、明治二年（一八六九）オランダより来日して長崎府医学校の予科教師となり、明治七年（一八七四）からは文部省医務局に帰属し、京都・横浜の司薬場（薬品検査機関）の試験監督などを歴任し、薬品取り締まりの検査とともに温泉調査に従事した。

ちなみに、政府による温泉（行政用語としては「鉱泉」）の調査は、明治六年（一八七三）に始められている。明治一〇年（一八七七）の『衛生局報告』によれば、明治六年、各府県にその管内の鉱泉湧出の年代等を調査させて申告するように通達し、それから逐次、採酌して司薬場に送らせて泉質の試験を行い、または司薬場より派遣して実地に検査してきたとある。そして明治九年（一八七六）六月現在、申告された鉱泉は六六三か所（温泉五〇八・冷泉一五五）、うち試験済みが四一か所という数値が記載されている。

『日本温泉独案内』は、試験分析の実務を担ったヘールツの著述をもとに、医家のためだけでな

表1　ヘールツによる温泉の分類

中性泉		伊豆国：熱海・古奈・湯ヶ島, 相模国：箱根湯本・塔ノ沢（5湯）・宮ノ下（2湯）・堂ヶ島（3湯）・木賀（5湯）, 下野国：湯西川・喜多〈那須北（4湯）〉・大丸塚〈那須大丸（4湯）〉, 肥後国：雛来〈日奈久〉・平山
無気ノ酸泉		下野国：那須湯本
有気ノ酸泉	亜爾加里泉	伊勢国：菰野〈湯の山〉, 伊豆国：修善寺（13湯）, 紀伊国：龍神・本宮あるいは湯ノ峰・椿・鉛山〈白浜（7湯）〉
	酸化石灰泉	発見するに至らず
	単純ナル酸泉	山城国：童仙坊冷泉, 相模国：湯河原（4湯）
	炭酸鉄泉	下野国：那須三斗小屋, 摂津国：有馬, 肥前国：温泉ヶ嶽小地獄〈雲仙〉
含塩泉	硫酸鉄泉 ／緑礬泉	上野国：草津（9湯）, 下野国：湯本塩原〈塩原元湯（4湯）〉, 肥前国：温泉ヶ嶽大地獄〈雲仙〉, 肥後国：湯ノ谷・垂玉, 大隅国：硫黄谷
	石膏泉 ／含塩硫酸石灰泉	上野国：伊香保, 下野国：那須板室, 肥前国：嬉野・武雄
	酸化麻屈涅失亜泉 ／苦土泉	伊豆国：熱海（5湯）, 信濃国：島村, 美作国：湯郷あるいは湯上, 肥前国：島原
	塩泉	摂津国：有馬・多田・一庫, 紀伊国：鉛山〈白浜〉
亜硫酸泉		伊豆国：大湯・芳奈〈吉奈〉, 相模国：芦ノ湯（4湯）, 下野国：日光（6湯）, 紀伊国：勝浦, 肥後国：山鹿

（）内には複数の源泉が記載されている場合、その数を表示した。
また、湯河原を伊豆国、硫黄谷を日向国としているが修正した。
ヘールツ（1879）『日本温泉独案内』より作成

く、もっぱら温泉に浴する人が読むのに便利なようにと、明治一二年（一八七九）に翻訳・出版されたものである。本書に示された温泉の分類と、それぞれに該当する温泉の一覧を整理したものが**表1**である。このなかでヘールツは、「有気ノ亜爾加里《アルカリ》泉」について、効験著しく諸病によく、最も内服の効能ありと解説している。本文四七ページという小冊子ではあるが、「ともかくも日本全国温泉に関する著書のナンバーワンであった」という（井澤亥八郎「温泉に関する邦文図書総覧」昭和四年／一九二九）。

図1　東京大学構内のベルツの胸像

●ベルツ『日本鉱泉論』

明治九年（一八七六）東京医学校の教師としてドイツから来日したエルウィン・フォン・ベルツ（一八四九〜一九一三）は、日本の医学に多大な貢献をしたことで知られている（**図1**）。一方で、ベルツは、草津・伊香保・熱海・箱根などの各地の温泉地を視察し、温泉地計画や温泉療法に関する論考をまとめている。

明治一三年（一八八〇）に翻訳・出版された『日本鉱泉論』は、内務省に提出した温泉地の改良策をまとめた建白書をもとにしている。本書では、浴用・飲泉の効能のほかに気候療法を重視し、大都会の市民にとって清く鮮やかな空気を吸取することの必要性を説いている。

また、具体的な留意点として、①旅行の注意、②家屋の利害、③飲食の供給、④温泉委員の設置の四つをあげている。①では、馬車・人力車による振動の害を注意しつつ、轎輿《きょうよ》（駕籠）による移動が最上と薦めている。これは道路の改良が十分でなかった当時の状況を反映していよう。②では、一人あたり畳一枚というように家屋が狭小であること、便所の構造や清掃にも不備があることなどを指摘している。③では、温泉場では東京と比べて食物が粗悪であるので、新鮮な食材を運搬し、滋養をつけることが緊要と述べる。このような移動の困難・日常の不自由が極めて甚だしいと、温泉の効能が失われるので、改善すべきであると説く。④では、温泉全体の利益を管理する委員を中心に、道路の営繕・遊歩道の開設・患者保護などの事業を行うべきとし、読書室・遊戯室・飲食室を備えたクアハウスの建設や芸妓を招いた徹夜の喧噪を制限することを求めている。これらの提言は、ドイツの温泉保養地を知るベルツにすれば当然のものであったかもしれないが、関係者の知識を啓発する効果は大きかったと思われる。

ベルツは、明治二〇年（一八八七）に「皇国ノ模範トナルベキ一大温泉場設立意見書」を宮内省に提出し、箱根の大涌谷に壮大な模範温泉場を開発しようと力を尽くし（『箱根温泉史』一九八六年）、明治二三年（一八九〇）には草津の土地を購入し、クアハウスを建設しようと努力したが（木暮金太夫・中沢晃三編『ベルツ博士と群馬の温泉』一九九〇年）、いずれも実現にはいたらなかった。

●桑田知明『日本温泉考』

明治一三年（一八八〇）出版の『日本温泉考』は、桑田知明が横浜司薬場教師ゲルツの『ド・

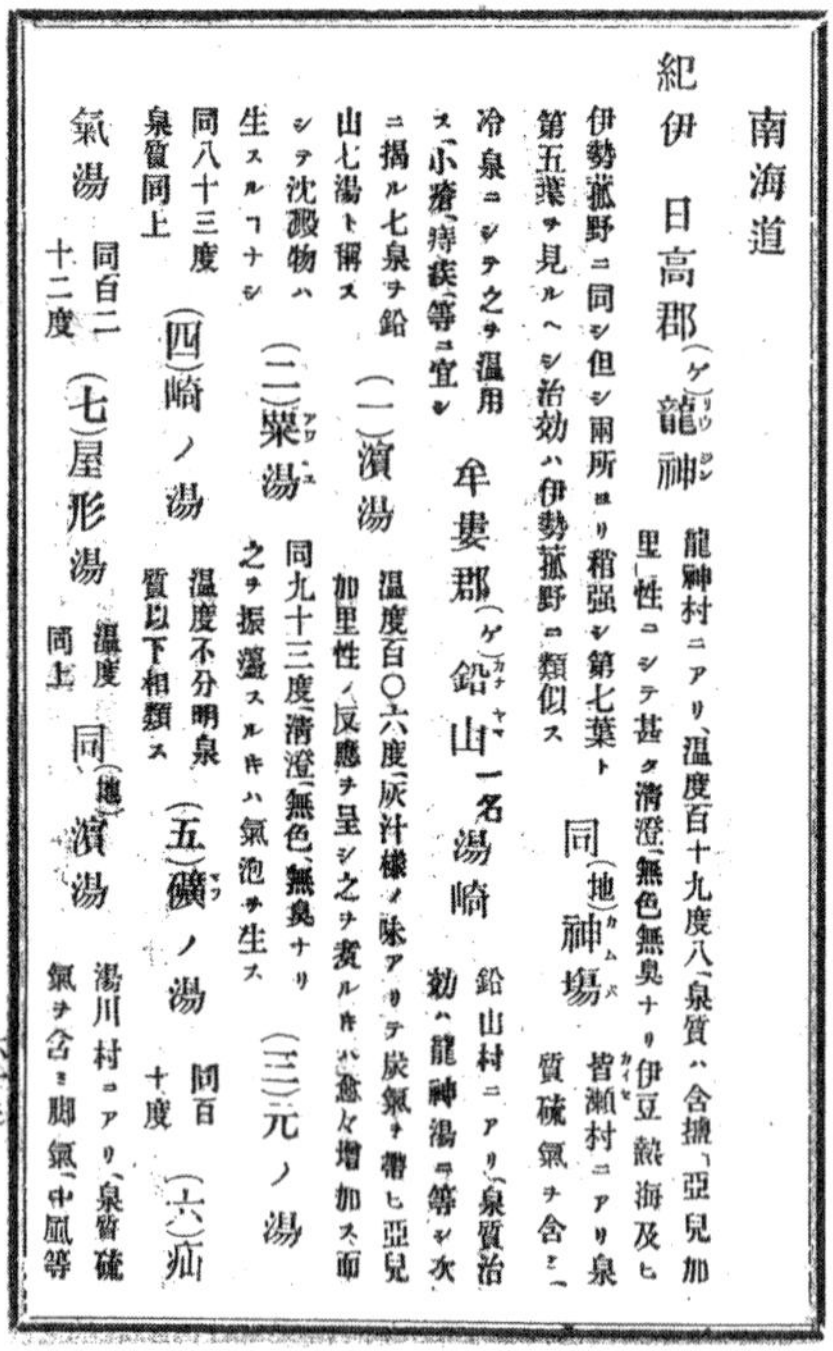
南海道
紀伊　日高郡（ケ）龍神《リウジン》　龍神村ニアリ、温度百十九度八、泉質ハ含撤、亞兒加
里、性ニシテ甚タ清澄、無色無臭ナリ伊豆熱海及ヒ
伊勢菰野ニ同シ但シ兩所ヨリ稍強シ第七葉ト
第五葉ヲ見ルヘシ治効ハ伊勢菰野ニ類似ス
同（地）神場《カムバ》　皆瀬《カイセ》村ニアリ泉
質硫氣ヲ含ミ、
冷泉ニシテ之ヲ温用
ス、小瘡、痔疾、等ニ宜シ
牟婁郡（ケ）鉛山《カナヤマ》一名湯崎　鉛山村ニアリ、泉質治
効ハ龍神湯ニ等シ次
ニ掲ル七泉ヲ鉛
山七湯ト稱ス
（一）濱湯　温度百〇六度、灰汁様ノ味アリテ炭氣ヲ帶ヒ亞兒
加里性ノ反應ヲ呈シ之ヲ煮ルトキハ愈々増加ス而
シテ沈澱物ハ
生スルコトナシ
（二）粟湯《アワユ》　同九十三度、清澄、無色、無臭ナリ
之ヲ振盪スルトキハ氣泡ヲ生ス
（三）元ノ湯　同八十三度
泉質同上
（四）崎ノ湯　温度不分明泉
質以下相類ス
（五）礦《マブ》ノ湯　同百
十度
（六）疝氣湯　同百二
十二度
（七）屋形湯　温度
同上
同（地）濱湯　湯川村ニアリ、泉質硫
氣ヲ含ミ脚氣、中風等
六十三

図２　桑田知明訳編『日本温泉考』の本文
（明治13年／1880）　国立国会図書館所蔵

ラ・ナチュール』から抄訳した日本の鉱泉の部分に、他書より抄出したものを加えて編纂したものである。ゲルツとは前述のヘールツ（Geerts）のことである。本書には、地方別・国別に各地の温泉が網羅され、所在地・泉質・効能などが記されている（図２）。

本書に収録されている温泉のデータには出所が明記されており、横浜司薬場教師ヘールツ（文中ではゲルツと表記）の説、地質兼鉱山学士ライマンの検査によるもの、東京司薬場教師マルチンの説、大阪司薬場教師ドワルスの説、司薬場教師リトルの説、シーボルトの治効を付するもの、『日本地誌提要』より抄出したもの、『治県一覧表』より抄出したもの、その他の調査によるものの九つがあげられている。

『日本温泉考』に掲載されている温泉は五〇六か所に及ぶ。その出所を集計すると、複数の出所が示されている温泉もあるので五八五となる。内訳は、ヘールツ五四、ライマン五五、マルチン二八、ドワルス五、リトル〇、シーボルト五、『日本地誌提要』三二六、『治県一覧表』九〇、その他二二となる。桑田はヘールツの著作をもとにしたというが、最も多く依拠されているのは『日本地誌提要』である。これは、正院地誌課が編纂し、明治七年（一八七四）から明治一二年にかけて刊行された、全八冊七七巻からなる官撰地誌書である。また『治県一覧表』とあるのは「府県統計書」の項目が統一される以前の簡便な報告と思われ、群馬県・福島県・熊本県などで参照されている。

ライマン（一八三五～一九二〇）は、明治五年（一八七二）から明治一三年（一八八〇）まで北海道開拓使や工務省の技師として地質調査・石油調査に携わっており、北海道の二二か所の温泉はすべて彼の調査によっている。ちなみに、本書を編纂した桑田は、ライマンの助手の一人であった（副見恭子「ライマン雑記（16）」一九九九年）。

このように明治初期には公衆衛生・地誌編纂・資源調査などの視点から、全国の温泉が調査の対象となっていたことがわかる。

●草津温泉の案内書

明治時代になって各地の温泉案内書の様式がすぐに変わったわけでなく、江戸時代の名所図会にみられる俯瞰図や縁起にまつわる図を多用した和綴じ・整版（版木による印刷）による出版物

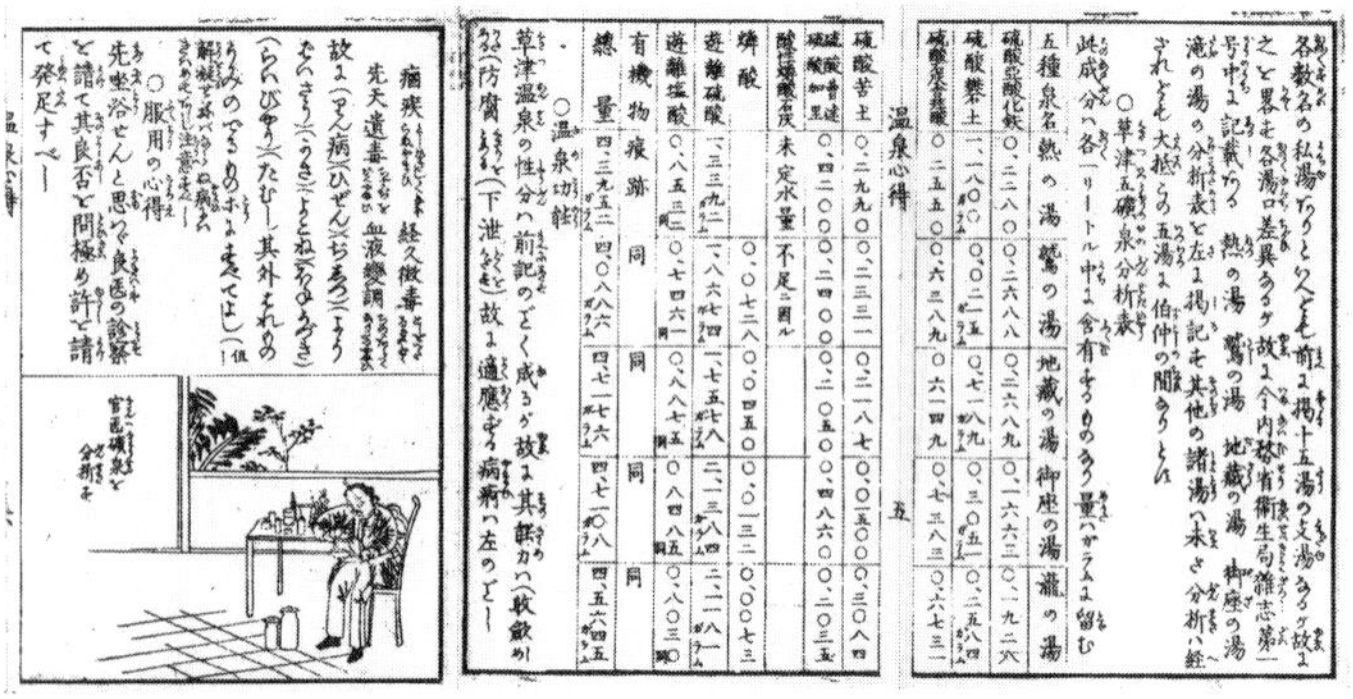

図３　『草津温泉の古々路恵』掲載の分析表（明治13年 /1880）
群馬大学総合情報メディアセンター図書館所蔵

が明治中期までみられる。その一例として、草津温泉の案内書をみよう。

『草津温泉の古々路恵《こころえ》』は、草津在住の折田佐吉によって、明治一三年（一八八〇）に出版された一〇丁の小冊子である。その内容は、温泉起源・温泉泉質・草津五鉱泉分析表・温泉効能・服用の心得・入浴禁忌・草津名所・産物という項目からなっている。**図3**に示した部分には、熱の湯・鷺の湯・地蔵の湯・御座の湯・滝の湯の五つの源泉について分析表が掲載されており、その出典は『内務省衛生局雑誌』第一号に掲載の分析表とある。この号は明治九年（一八七六）四月の発行で、「熊谷県管下鉱泉分析表并医治効用」として、伊香保・四万・草津のデータが掲載されている。また左の図には「官医礦泉を分析す」との見出しがあり、洋装の人物が検査をしている様子が版行されている。

おそらく、温泉の効能はその化学的成分によるものという知識が広まったため、こうした分析表を掲載することが有効

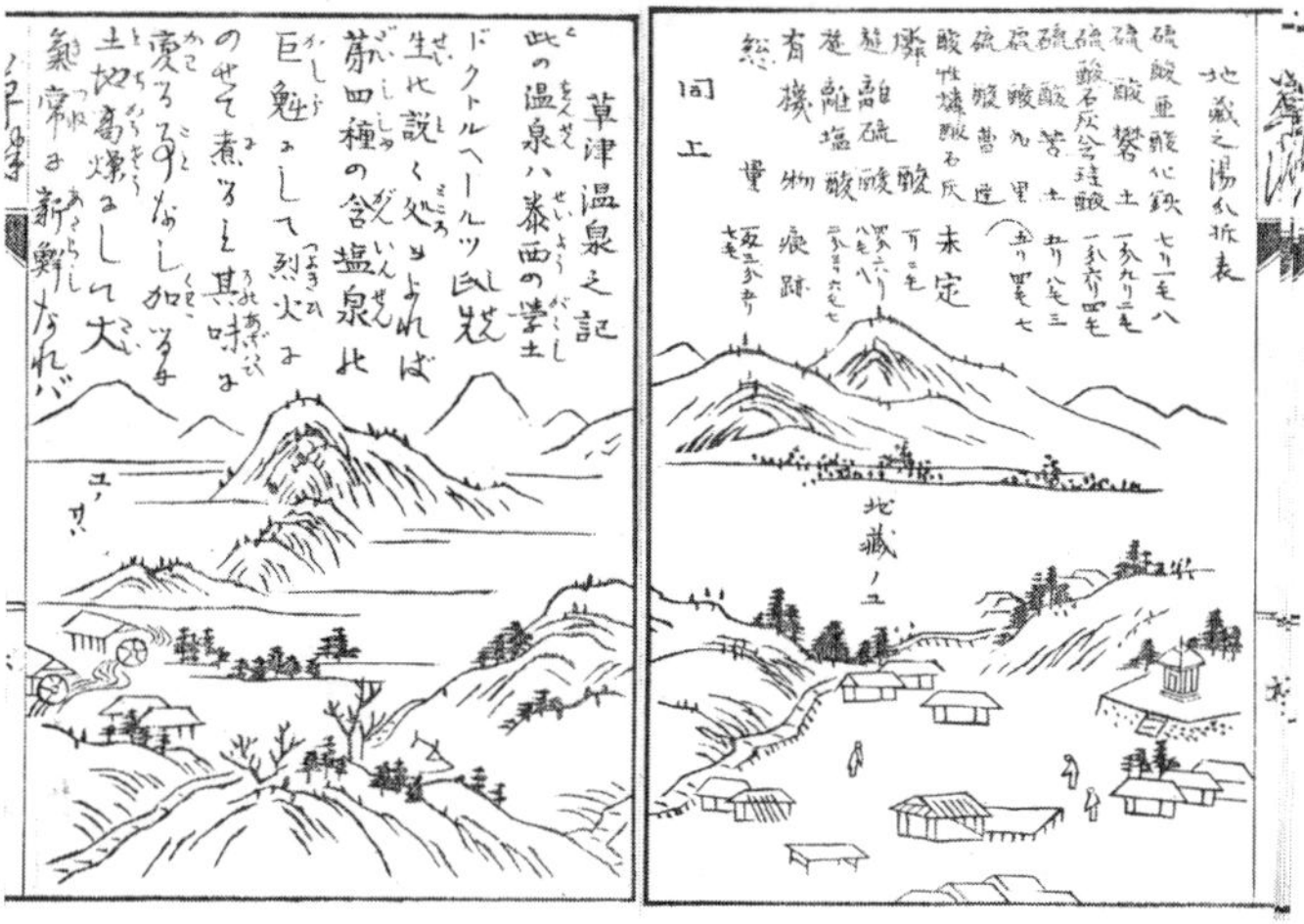

図４　『草津鉱泉入浴教之捷径』の本文（明治18年 /1885）
群馬大学総合情報メディアセンター図書館所蔵

な宣伝になると判断したのであろう。温泉を訪れる多くの人々には、分析表の解釈は難しかっただろうが、そのデータは効能にお墨付きを与えるような価値があったものと思われる。温泉の分析表は、このような冊子だけでなく、一枚物の鳥瞰図に掲載される例も数多くみられる。

明治一八年（一八八五）草津在住の大川角造によって出版された『草津鉱泉入浴教之捷径《はやみち》』も和綴じ木版刷り一一丁の小冊子である。本書では、五か所の温泉分析表・入浴法・内服用量・禁忌・名所旧跡・神社仏閣・物産・里程・汽車賃金表・人車駕籠馬の賃金表・共同浴場の位置が案内されている。なかでも刊行の前年に開通したばかりの高崎までの汽車運賃表があって、交通に関する事項が詳しくなっていることが注目される。

本書は**図4**にあるように、説明文に簡略な俯瞰図が添えられている。右のページには地蔵の湯の分析表が、左ページには「此の温泉は泰西の学士ドクトルヘールツ氏先生の説く処によれば第四種の含塩泉の巨魁にして」という記述があり、『日本温泉独案内』における温泉分類が引用されている。このように、温泉地で明治一〇年代に出版された案内書のなかにも、新しい知識が積極的に導入されていたことがわかる。

2　内務省衛生局による出版物

明治六年（一八七三）文部省に置かれた医務局が、明治八年（一八七五）内務省へ移管されて衛生局が成立し、以後、衛生局が温泉を管轄することになった。そこで、内務省衛生局の出版物によって温泉がどのように捉えられていたのかをみていこう。なお、前述の司薬場は、明治一六年（一八八三）に衛生試験所と改称されている。

●『日本鉱泉誌』

『日本鉱泉誌』三巻の出版は、明治一九年（一八八六）である（**図5**）。本書は、明治一四年（一八八一）にドイツ・フランクフルトで開催の万国鉱泉博覧会に出品するため、政府が各府県に照会して集めた、全国の鉱泉の成分、位置景況、浴客数、発見年などの記録をもとに刊行された。

したがって、資料収集の時期と刊行年に若干のずれがあることに注意せねばならない。上巻四八二ページ、中巻四六六ページ、下巻三九六ページの分量があり、全国九二二か所の鉱泉が記載されている。本書は「明治後期産業発達史資料」三四二巻から三四四巻として龍渓書舎から復刻されているほか、国立国会図書館所蔵の明治期刊行図書に関するデータベース「近代デジタルライブラリー」にも収録されており、ウェブ上でも閲覧できる。

昭和九年（一九三四）の調査で鉱泉場八六八か所・源泉五八八九か所（『温泉大鑑』昭和一〇年／一九三五）、鑿泉工業の発達により激増の傾向を示すという昭和一五年（一九四〇）の調査で鉱泉場九三三か所・源泉六三〇五か所（『日本温泉大鑑』昭和一六年／一九四一）であることを考えると、明治初期の段階で、いち早く鉱泉という資源の一覧表が作成されたことが理解できる。

図5　『日本鉱泉誌』全三巻
（明治19年 /1886）
東京大学総合図書館所蔵本

なお、この万国鉱泉博覧会には、政府からは分析表・地図・浴室模型などが送られ、一等賞を受けたことが『日本鉱泉誌』の序に述べられている。また、和倉温泉も出品し、三等の栄誉に輝いたという（田川捷一『和倉温泉のれきし』一九九二年）。この受賞によって、明治一九年（一八八六）の『和倉温泉考』や明治二二年（一八八九）の『能登国和倉鉱泉能書』においても世界第三位の名泉として、すぐれた泉質が宣伝されたため、入浴者が増加した。大正六年（一九一七）の『保養遊覧日本温泉案内』にも「此の湯を独逸の万国鉱泉博覧会に出品して、世界第三位との評定を下された」とあって、和倉で長くその名声が語り継がれていたことがわかる。

さて『日本鉱泉誌』の緒言には、鉱泉は諸種の有効成分を含有する「天賜ノ良剤」であり、本邦は、欧米と比べ、貧富貴賤の区別なく等しく、その天恵にうるおうことができるとある。しかし、古来民間の経験により漫然と鉱泉を使用し、偉功を十分に発揚していないことは惜しく、衛生局創立以来、各地の鉱泉の調査・分析に着手してきたと述べている。

そして、鉱泉場に必要なこととして、①鉱泉場の一切の利害を任す管理人を設けること、②鉱泉の性質を明らかにして適正な応用範囲を広めること、③土地の景勝を利用して養生に資すること、気候との関係を明らかにすること、④常住の鉱泉医を置くこと、⑤鉱泉場の衛生面を改良すること、⑥来浴者の生活を乱す有害な快楽物を除いて純正な遊戯場などを起こすこと、の六つをあげている。これらの点は、僻地の鉱泉では急な実行は望めないが、将来の進歩を計るため、改良に手をつけるべきであると論じている。これらの改良点は、ベルツの主張を受けているところが多いことがわかる。

各地の泉質の項をみると、単純泉・酸性泉・炭酸泉・塩類泉・硫黄泉・泉質未詳に区分され、一リットルあたりの化学成分、温度が記載されている。ただし、著名な温泉地については、数値化した成分が記されているが、ほとんどは「硫酸　多量」「硝酸　少量」「加里　僅微」「鉄　痕跡」といった大まかなものである。このように調査の精度が十分でなかったにしても、本書は、西洋医学にもとづく効用や利用法の説明を行ない、全国各地の温泉を網羅的に把握し、内務省地理局地誌課の府県分轄図をもとに分布図を作成するなど（**図6**）、近代的な温泉研究の原典と位置づけられる。

● *The mineral springs of Japan*

The mineral springs of Japan は、大正四年（一九一五）サンフランシスコで開催のパナマ太平洋万国博覧会に出品するために、内務省東京衛生試験所が編纂し、同年六月に発行されたものである。具体的な編集は衛生試験所技官の石津利作が担当した。

本書は三部構成になっており、第一部は、日本の景観、火山と鉱泉、地質、気候、気候療法・温泉療法・海水浴の起源、温泉の概説、鉱泉と治療要素、鉱泉の分類といった内容で、本文は九四ページである。**図7**のようなさまざまな図表を活かしつつ論述されている。序には、東京帝国大学教授の山崎直方・神保小虎、東京高等師範教授の加藤武男らへの謝辞や、地質調査所や中央気

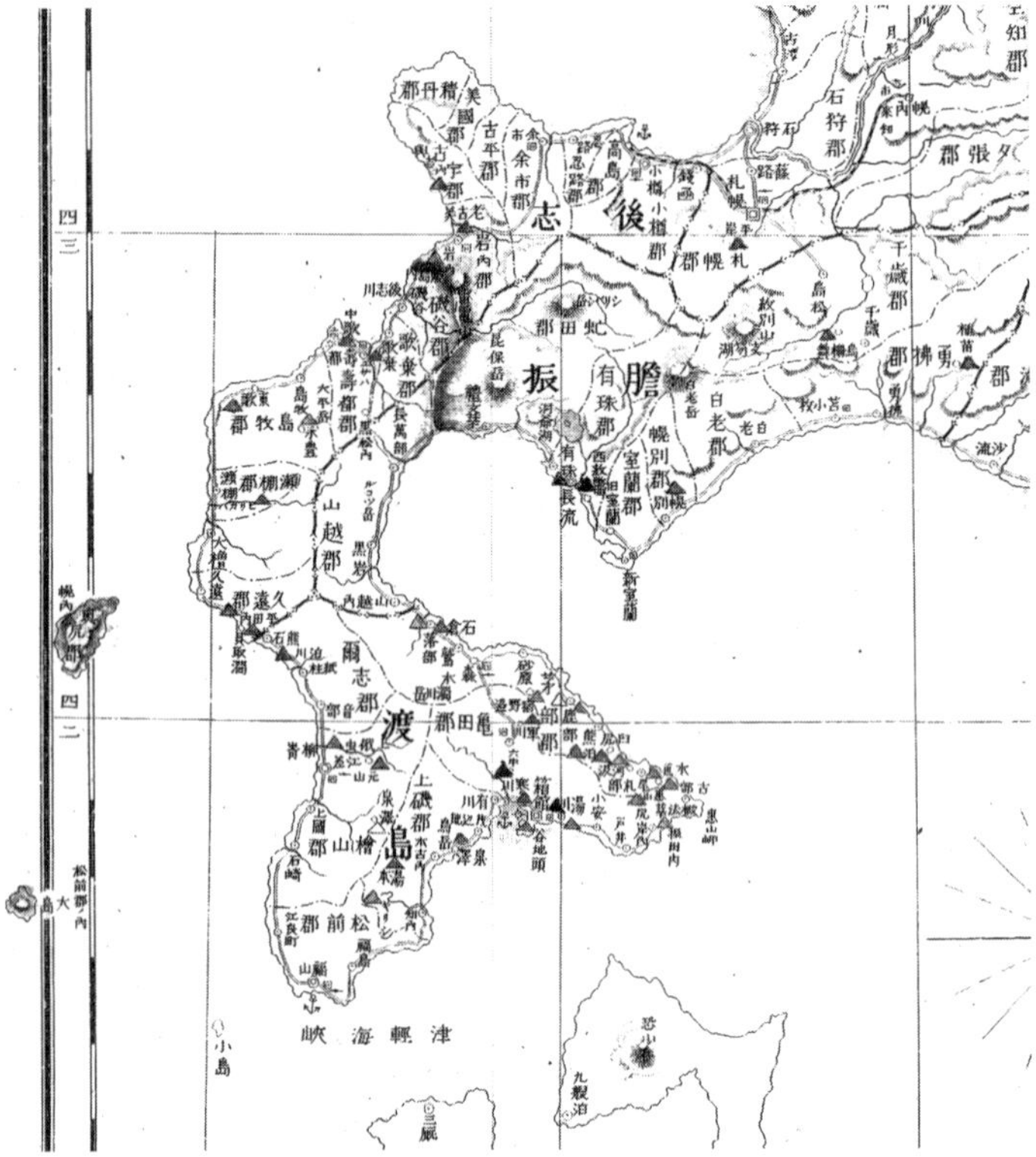

図６　北海道における鉱泉の分布

『日本鉱泉誌』（東京大学総合図書館所蔵）の付図より

原図は多色刷りで、鉱泉は泉質ごとに色分けされて▲で示されている。その分布がみられるのは掲載した図の範囲だけで、それ以外はデータの空白地域である。

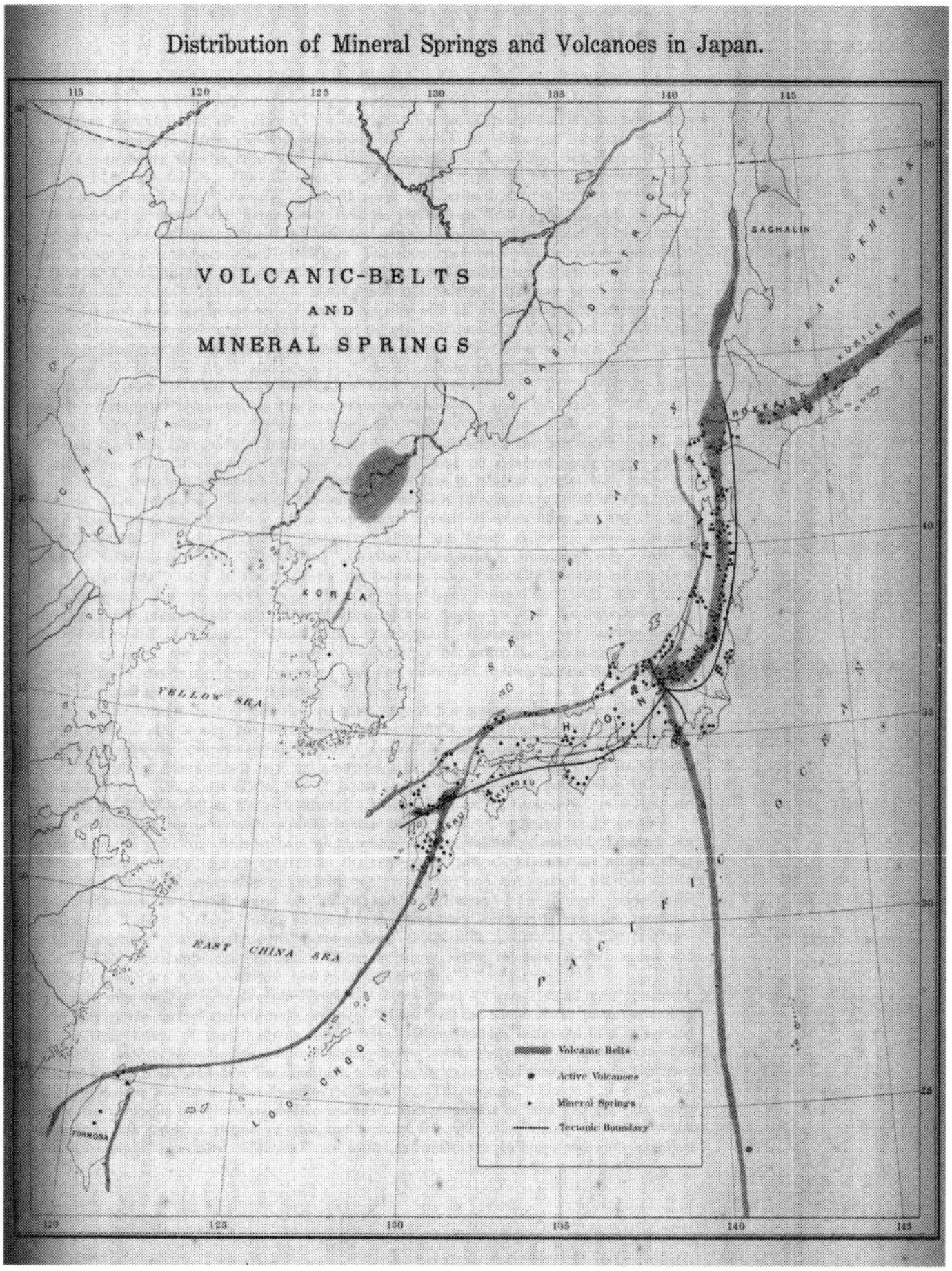

図7　火山帯と鉱泉の分布

The mineral springs of Japan.（大正4年/1915）より

凡例は上から「火山帯」「活火山」「鉱泉」「地質構造の境界」となっており、台湾と朝鮮半島も含めて示されている。

NOBORIBETSU

Location.—Noboribetsu-mura, Horobetsu-gun, Province Iburi, Hokkaidō.

The springs issue from the Tufaceous Clay.

The hot spring "Taki-no-yu"

Analysis (calculated from the original numbers).

Analysed by The Tōkyō Imperial Hygienic Laboratory. 1910.

Specific gravity: 1,0001 at 14° C. Temperature: *71,5° C.

Total residue: ca. 0,81. Flow of water: ca. 54000 hectolitres in 24 hours.

In 1 kilogram of the mineral water are contained:

Cations.	Grams	Milli-mols	Milligram-equivalents
Hydrogen ion ($H^{\cdot}$)	0,00241	2,38703	**2,38703**
Potassium ion ($K^{\cdot}$)	0,01302	0,33597	0,33597
Sodium ion ($Na^{\cdot}$)	0,07791	3,38004	3,38004
Ammonium ion ($NH^{\cdot}_4$)	0,00662	0,36615	0,36615
Calcium ion ($Ca^{\cdot\cdot}$)	0,02669	0,66725	1,33450
Magnesium ion ($Mg^{\cdot\cdot}$)	0,00682	0,27997	0,55994
Ferric ion ($Fe^{\cdot\cdot\cdot}$)	**0,01818**	0,32464	0,97392
Aluminium ion ($Al^{\cdot\cdot\cdot}$)	0,01420	0,52399	1,57197
			10,90952
Anions.			
Chlorine ion (Cl')	0,05730	1,61636	1,61636
Hydrosulphate ion (HSO_4')	0,23157	2,38560	2,38560
Sulphate ion (SO_4'')	0,33177	3,45378	**6,90756**
	0,78649	15,72078	10,90952
Boric acid (meta) (HBO_2)	0,00227		
Silicic acid (meta) (H_2SiO_3)	0,22671		
	1,01547		

The mineral water corresponds approximately in its composition to a solution containing in 1 kilogram:

	Grams
Potassium chloride (KCl)	0,02481
Sodium chloride ($NaCl$)	0,05368
Ammonium chloride (NH_4Cl)	0,01960
Sodium sulphate (Na_2SO_4)	0,17502
Calcium sulphate ($CaSO_4$)	0,09078
Magnesium sulphate ($MgSO_4$)	0,03371
Ferric sulphate [$Fe_2(SO_4)_3$]	0,06495
Aluminium sulphate [$Al_2(SO_4)_3$]	0,09001
Free sulphuric acid (H_2SO_4)	0,23157
Boric acid (meta) (HBO_2)	0,00227
Silicic acid (meta) (H_2SiO_3)	0,22671
	1,01311

The spring thus may be classified as "**acid vitriol spring**".

Radio-activity. **0,18** Mache's units in 1 litre of water at 14,5° C.

(Kohl.-Löw. fontact.; Y. Kinugasa, Oct. 16, 1913).

Electric conductivity. $\kappa_{18} \times 10^{-4} = 14{,}58$.

*The temperature of the water was measured at the uppermost end of conduit, about 1/3 m. up from the bath.

図8　登別温泉・滝の湯の分析表

The mineral springs of Japan.（大正4年/1915）より

象台の資料を使用したことが記されている。

第二部には、泉温・湧出量・陽イオン・陰イオン・放射能・電気伝導率などの分析結果を各地の鉱泉ごとに記載したデータと、放射能量や泉温など調査項目ごとに上位から並べ替えた一覧表が掲載されており、二〇三ページの分量をもつ。入浴客数が算出された鉱泉は六七六か所で『日本鉱泉誌』と比べると少ない（台湾を除き朝鮮の三七か所を含む）。分析結果の例として、登別温泉の滝の湯のデータを**図8**に示した。これをみると、分析機関と調査年次も記されており、詳細な調査が行なわれたことがわかる。

ちなみに、キュリー夫妻がノーベル物理学賞を受賞したのは明治三六年（一九〇三）であり、ラジウムなどを含む放射能泉のもつ治療効果への関心も高まっていたようだ。本書には、内務省の指示によって、東京・大阪の衛生試験所が大正二年（一九一三）から全国の主な鉱泉の放射能に関する調査を行ったことが記されており、一覧表には、温泉では三朝《みささ》（鳥取）、冷泉では増富（山梨）が含有量のトップに掲げられている。三朝温泉では、大正三年に石津利作が「放射能作性の著大なることを明らかにせられし以来四季の浴客激増し……村営のラヂウム療養所の如き種々の新式設備を施せる浴場も造られた」という記述からも、新しい情報に敏感な人々のありさまが浮かび上がってくる（松原厚「三朝温泉泉源の配置」大正一三年／一九二四）。

第三部は、北海道から鹿児島県までの府県と朝鮮・台湾という配列で、著名な温泉・沿岸保養地・避暑地に関する情報を案内している。場所によって精粗があるが、地理的な特徴・交通・宿泊施設・入浴客数などが七〇ページにわたって記載されている。海水浴場や日光・日本アルプスなどの案内を含むのは、本書が外国人観光客の誘致をねらったガイドブックの役割も担ったからであろう。このほか、本書には七七枚の写真を掲載した図版がつけられている。

万国鉱泉博覧会への出品を契機とした調査から三〇年余り、*The mineral springs of Japan* をみると、世界に向けて科学的な分析水準を顕示し、かつ健康的なリゾート地があることを宣伝するため、懸命に情報収集されたことが感じられる。

●『全国温泉鉱泉ニ関スル調査』

大正一二年（一九二三）発行の『全国温泉鉱泉ニ関スル調査』は、地方における温泉・鉱泉の大要を知るため、大正一〇年（一九二一）一二月に衛生局長より各地方長官に照会を行い、その回答にもとづいて編纂されたものである。調査項目は、名称・所在地・管理方法・設備概要（宿屋・宿泊料など）・明治四四年（一九一一）より大正九年（一九二〇）にいたる各年における浴客者男女別数・分析表ならびに効能・交通機関の七つである。収録された温泉・鉱泉は九四六か所に達し、長野県の一一四か所が最も多く、京都・滋賀・沖縄の三府県には一つもない。

本書は三六五ページの分量をもち、温泉・鉱泉に関する概況と分析表の二部に分けて記載されている。**図9**には、静岡県の概況の一部を示した。これをみると、前述の調査項目にしたがい、表にまとめられていることがわかる。交通関係には、鉄道・自動車・馬車・人力車があげられており、多様な移動手段が混在していたことがうかがえる。

また本書の特徴として、当時の温泉の管理方法を知りうることがあげられる。この図のなかでは、個人経営、各所有者の管理、株式会社による供給などの記述がみえる。このほか、本書でみられる方法には、官有地や御料地の借り受け、町村や大字による共同浴場の管理、組合経営、複数戸の共同経営といったものがある。このように管理方法を問うたのは、多くの入浴客が訪れるようになり、温泉の経済的価値が高まったことで、各地でその権利をめぐる紛争が生じていたことが関係していると思われる。

●『全国鉱泉調査』

昭和一〇年（一九三五）刊行の『全国鉱泉調査』は、泉質別分類表と地域別分類表という二つの

道廳府縣名	名稱	所在地	交通關係	管理方法	設備概要	浴客者男女數別	其温鑛泉場又ハ浴場組合ニ於テ廣告又ハ宣傳ニ用ユル効能
靜岡	五、伊豆山温泉	同郡熱海町伊豆山	海陸二途ノ便アリ小田原ヨリ輕便鐵道ニテ二時間餘ニシテ着ス	個人經營	宿泊料 一等四圓五十錢 二等三圓七十五錢 三等三圓 四等二圓九十錢	同 男二八、六六六人 女三、九七九人	痛風、漿液膜炎、ヒステリー、腎盂炎、胃病、眼疾ニ効アリ
	六、畑毛温泉	同郡函南村畑毛	駿豆線大場驛ヨリ約一里二丁其間馬車ノ便アリ	温泉ハ各所有者之ヲ經營ス	旅館數戸アリ宿泊料二圓五十錢以上五圓位ナリ	同 男四、八六一人 女二、三三三人	火傷、花柳病、胃腸加答兒、皮膚病
	七、長岡温泉	同郡川西村長岡	駿豆線伊豆長岡驛下車其ヨリ約一里ニシテ達ス其間自動車、人力車、馬車等ノ便アリ	長岡鑛泉株式會社數個ノ泉源ヲ有シ各旅館ニ供給シ料金ヲ徴收ス、個人所有温泉ハ各其所有者之ヲ管理ス	旅館十數戸アリ宿泊料三圓五十錢以上五圓位	同 男一三、二八四人 女八、二七〇人	(一)浴用 リューマチス、慢性濕疹、ヒステリー、脊髄勞、脊髄炎、婦人生殖器病 (二)内用 胃カタル、腸カタル
	八、古奈温泉	田方郡川西村古奈	駿豆線伊豆長岡驛下車約一里此間自動車、人力車、馬車ノ便アリ	源泉數ケ所ヲ有シ各所有者管理ス	宿泊料二圓五十錢位	自明治四十四年至大正九年十ケ年間ニ於ケル一ケ年平均浴客數 男九、〇二二人 女六、五六九人	(一)浴用 リューマチス、慢性濕疹、ヒステリー、脊髄筋、脊髄炎、婦人生殖器病 (二)内用 胃カタル、腸カタル
	九、吉奈温泉	同郡上狩野村	駿豆線大仁驛ヨリ	源泉十ケ所アリテ	旅館二戸	自	婦人諸病ニ特効アリ

六〇

図9　静岡県における温泉の概要（部分）
『全国温泉鉱泉ニ関スル調査』（国立国会図書館所蔵）より

一覧表を掲載する二六七ページの報告書である。はじめに総括的数字として、昭和九年（一九三四）一〇月調査の「本邦内地鉱泉場及其源泉数一覧表」が示されている。それによれば、全国の源泉総数は五八八九（温泉五五六七、冷泉三二二）、鉱泉場数は八六八（温泉六一三、冷泉二五五）に達している。この調査の時点で、分析済みの源泉数は八六七にすぎず、泉質不明の源泉の割合は八五パーセントに達していた。また、鉱泉場総数の三二パーセントにあたる二七六か所では、いまだ分析が行なわれていないために泉質不明であることは、利用開発上、はなはだ遺憾に堪えないとのコメントが付けられている。

源泉の泉質別一覧表をみると、単純温泉二〇五、単純炭酸泉一〇、土類泉一四、アルカリ泉六六、食塩泉二二九、苦味泉一三四、炭酸鉄泉五六、緑礬泉一九、明礬泉二、酸性泉五〇、硫黄泉六八、放射能作泉一四となっている。

地域別分類表では、名称・所在地・位置（河畔・海岸など）・地質・源泉数・湧出量・泉温・固形成分総量・特殊成分・泉質・伝説的または宣伝的効用の項目が設けられているが、空欄になっている箇所も少なくない。本書は、『日本鉱泉誌』や『全国温泉鉱泉ニ関スル調査』に比べると、交通や施設、入浴客数などの情報がなく、資源一覧表という性格が強くなっている。

3 鉄道院・鉄道省による案内書

明治三九年（一九〇六）に鉄道国有法が公布され、官設鉄道と私設鉄道をあわせて全国に路線を展開する国有鉄道が成立した。その事業者である鉄道院（大正九年［一九二〇］五月に鉄道省に昇格）は、営業収入の増加や旅客利用の促進のために、鉄道を利用した観光旅行の普及を図るようになる。

●『鉄道旅行案内』

この端緒として、鉄道院編纂『鉄道院線沿道遊覧地案内』の刊行があげられる。国立国会図書館には明治四二年（一九〇九）六月の受け入れ記録があるものが所蔵されている。ただし発行年の記載はなく、非売品で発行部数も限られていたと考えられる。巻末には「当院に於て院線沿道遊覧地案内編纂仕候に付一部供貴覧候……避暑旅行の御計画はやく大方の胸中に来往するものあるを思ひ東道の一助にもと刊行を急ぎ候」とあって、夏休みの旅行案内のために配布されたものと思われる。また「国有後日尚浅く事志と伴はず世人の輿望に背くこと多きを恥つる」といった自己反省も示されていて、新たな需要開拓のため、サービスの向上を図ろうとしていたことがう

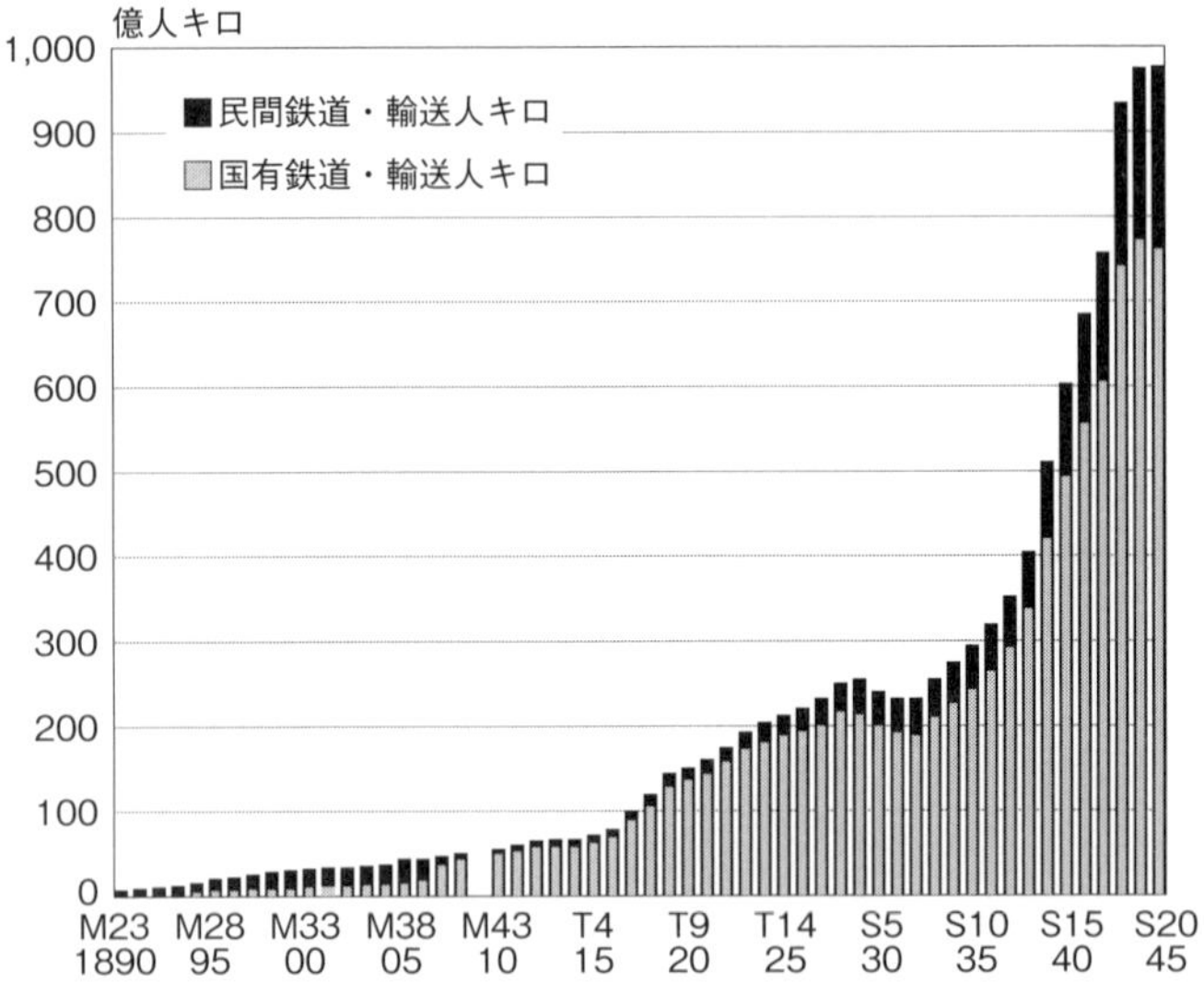

図10　鉄道による旅客輸送量の推移　『日本長期統計総覧』第2巻より作成

かがえる。

図10に示したように、国有鉄道の旅客輸送量（輸送人員×輸送距離）は、その成立した翌年の明治四〇年（一九〇七）に三八億人キロを超え、第一次世界大戦中からは増加の速度を上げて、昭和三年（一九二八）に二一六億人キロに達している。その後、昭和恐慌の影響でいったん減少するが、日中戦争が始まってから輸送量が急増し、昭和一九年（一九四四）には七七三億人キロになった。一方、民営鉄道の輸送量は、都市部の近距離輸送が主体であることもあって、国有鉄道と比べると小さいが、昭和一五年（一九四〇）以降は一〇〇億人キロを上回っている。

当初は非売品であった案内書も、大正

二年（一九一三）の『鉄道沿線遊覧地案内』からは博文館に許可を与え、翻刻出版させる方式となり、翌年からは『鉄道旅行案内』と書名を改めて、文章も口語体に切り替え、判型も携帯しやすいように改良された（中川浩一『旅の文化誌』一九七九年）。その後も旅客輸送量の増加に合わせるように、ほぼ毎年版を改めて、『鉄道旅行案内』は著しい普及をみることになったのである（図11）。

図11　各種の『鉄道院線沿道遊覧地案内』・『鉄道旅行案内』
左上：昭和11年刊、右上：大正13年刊、
左下：大正７年、右下：明治44年刊

さらに『鉄道旅行案内』のような総論的な内容だけでなく、『神まうで』（大正八年／一九一九）、『お寺まゐり』（大正一一年／一九二二）、『スキーとスケート』（大正一三年／一九二四）、『日本アルプス案内』（大正一四年／一九二五）などのテーマ別の案内書も発行されるようになった。その一つである『温泉案内』は、大正九年（一九二〇）に初版が発行され、その後、三度

の全面的な改訂が行われている（表2）。

表2　『温泉案内』の書誌

編纂者	発行年月			ページ数	翻刻・発行者	発売元	定　価
鉄道院	大正9年	1920.3.	初版	2＋15＋468頁	記載なし	記載なし	記載なし
鉄道省		1921.10.	14版	〃	博文館	博文館	1円40銭
〃		1922.9.	16版	〃	〃	〃	〃
鉄道省	昭和2年	1927.6.	初版	2＋18＋16＋560頁	日本旅行協会	博文館	1円80銭
〃		1927.9.	再版	補遺3頁	〃	〃	〃
〃		1928.8.	6版	補遺28頁	〃	〃	〃
〃		1929.6.	10版	補遺33頁・附録5頁	〃	〃	〃
〃		1930.7.	16版	補遺57頁・附録5頁	〃	〃	〃
鉄道省	昭和6年	1931.3.	初版	4＋24＋688頁	記載なし	記載なし	記載なし
〃		1933.8.	再版	4＋24＋687頁	日本温泉協会	博文館	1円50銭
〃		1937.10.	18版	4＋24＋688頁	〃	〃	1円80銭
鉄道省	昭和15年	1940.3.	初版	2＋21＋432頁	日本温泉協会	博文館	2円80銭
〃		1941.6.	再版	〃	〃	〃	〃

ページ数には写真ページを含まない。「記載なし」とあるのは非売品で、市販用のものもある。

●『温泉案内』大正九年版

大正九年版の翻刻・発行者は博文館である。その例言には「本書は鉄道によつて、沿線附近の温泉に遊ばうとする人の為に、其の旅行計画の参考に供しようと思つて発行したものである」とあって、「鉄道から余りに離れた温泉、旅館の設備の無い温泉、一般湯治者に関係の薄い温泉場などは、書き洩したものも多い」という採録基準が示されている。また、私設鉄道会社や温泉組合、温泉旅館から多くの資料の寄贈を受けたことが書き添えられている。

この大正九年版では、東海道線、中央線、関西線、東北線、信越線といった鉄道路線に沿って各地の温泉が記載されており、巻末には、『実業之日本』から転載された温泉療養に関する記事（石津利作執筆）や主要温泉までの交通時間・賃金表などが収められている。表にもあるように、短期間で多くの版を重ねていることから、その人気ぶりが推察される。

●昭和二年版

昭和二年版では、翻刻・発行者は日本旅行協会となっている。これは、大正一三年（一九二四）に鉄道省の後押しで設立された日本旅行文化協会が改称された団体であり、旅行専門雑誌『旅』の刊行などによって、健全な旅行趣味の育成、鉄道旅行の推進にかかわった。その後、日本旅行協会は、昭和九年（一九三四）にジャパン・ツーリスト・ビューローと合併し、社名も併記するかたちとなった。なお、ジャパン・ツーリスト・ビューローは、外国人旅行客の誘致と斡旋を目的として、明治四五年（一九一二）、鉄道院が中心となって発足した組織である（『日本交通公社七十年史』一九八二年）。

昭和二年版においても、鉄道路線に沿って各地の温泉が記載されているが、それに加え、版を重ねるごとに補遺が増えていることに注目したい。また、巻末の附録はなくなったが、巻頭に索引が加えられた。本文内の交通手段の記述も順次改訂されており、鉄道路線網の充実と採録される温泉数の増加に、この時期の温泉旅行の盛況ぶりがうかがえる。

●昭和六年版と昭和一五年版

昭和六年版からは、翻刻・発行者が日本温泉協会となる。これは、昭和四年（一九二九）に内務省と鉄道省が中心になって設立されたもので、副会長には内務省・鉄道省の次官、理事には東京鉄道局旅客掛長、ジャパン・ツーリスト・ビューロー幹事、内務省衛生局技師、同保健課長、鉄道省国際課長、同旅客課長などが就任しており、官僚色の強い組織となっていた（『日本温泉協会七〇年記念誌』一九九九年）。協会の事務所もジャパン・ツーリスト・ビューロー内に置かれていた。日本温泉協会設立の目的は、温泉に関する知識の普及、温泉地の発展に貢献することにあった。

この昭和六版年では、従来の編集方式が大きく改められている。例言には「本書は日本に於ける温泉を網羅し鉄道によつてこれが旅行する人々の便に供せんとするものである」とあって、昭和六年版では温泉が「網羅」的に採録されたことがわかる。内容についても、地方の報告資料および実地調査を基礎として、記述の刷新を企図して編纂したと記されている。また、関東、中部、近畿などの地方ごとに区分されたうえで鉄道路線別に配列されており、朝鮮、満州、台湾、樺太の温泉も加えられている。そして、巻頭には温泉療養法・鉱泉分類などの四八ページにわたる総説、巻末には索引・効能一覧表がつけられた。

昭和一五年版は、総ページ数は減っているが、判型が大きくなり、本文は二段組になっているので、記述量そのものは増加している（図12）。構成的には昭和六年版を踏襲しており、当該地方の報告資料を基礎として編纂したとある。

このように三度の大きな改訂をへて、『温泉案内』に採録された温泉数は、大正九年版の三三六から、昭和一五年版には内地六九七・朝鮮二一・満州三・台湾一二・樺太五へと大きく増加していった。**図13**には、各版の『温泉案内』に記載された温泉の数を都道府県別に示した。これをみると、温泉地の分布は地域的に偏在していることが改めて確認できる。そして、記載数のほとんど変化していない都道府県が若干みられるものの、大半は増加傾向にあり、とくに北海道・福島・群馬・長野などで伸びが大きいことがわかる。この間、旅行目的地としてふさわしい宿泊施設の整った温泉地が急速に開発されたことが読み取れよう。

図12　各版の『温泉案内』
左から大正９年、昭和２年、昭和６年、昭和15年刊

●英語版『日本の温泉』

鉄道院は、外国人旅行客を誘致して外貨を獲得するために、英文の旅行案内書の編集にも携わっている。*An official guide to*

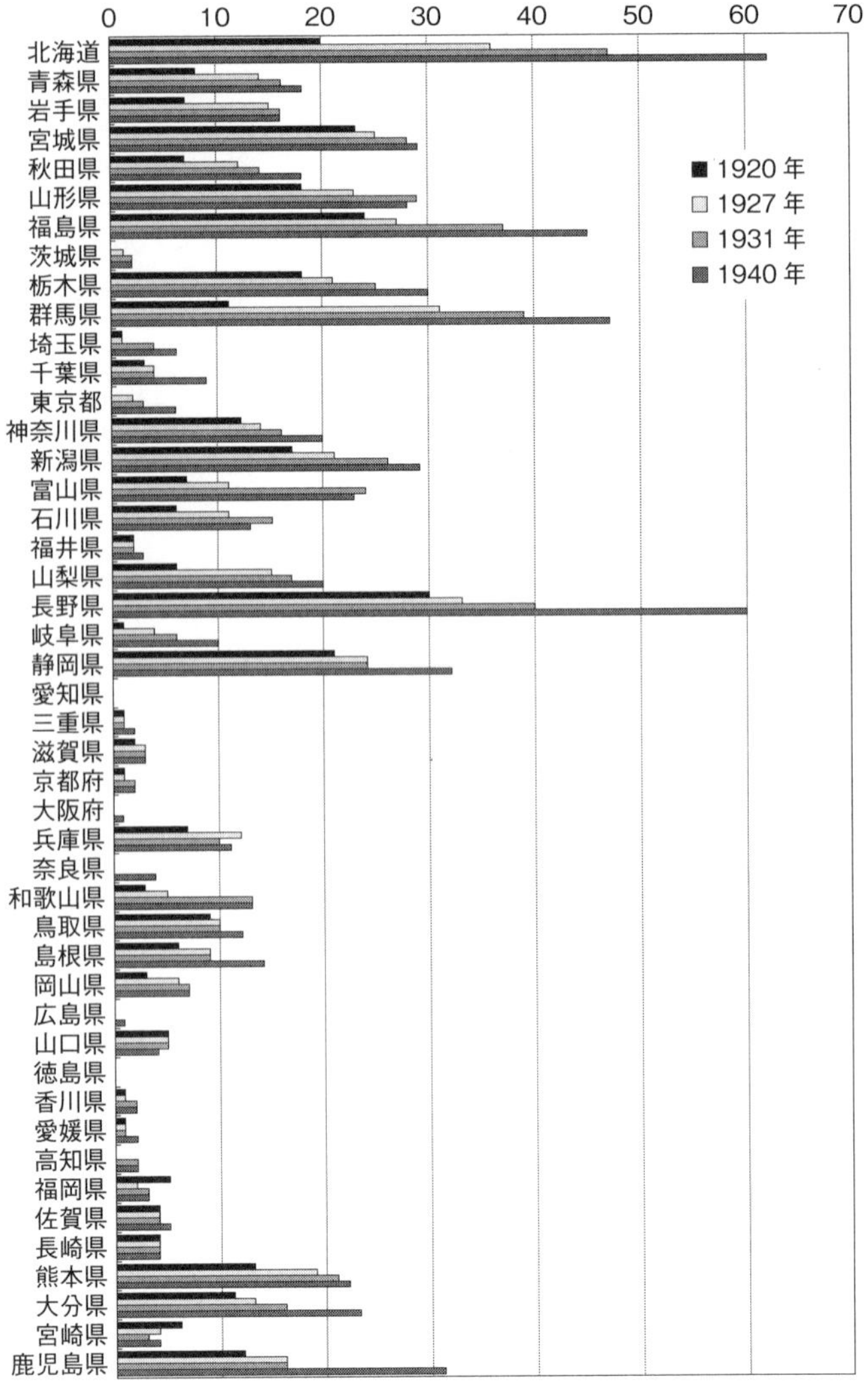

図13　鉄道省編『温泉案内』に記載された温泉地数の推移

Eastern Asia は、朝鮮満州、西南日本、東北日本、中国、東インド諸島の五巻構成で、大正二年（一九一三）から大正六年（一九一七）にかけて出版された。この出版までの経緯については、中川浩一『旅の文化誌』に詳しいが、国有鉄道が一〇〇年をこえる歴史の中で実施した文化事業では、一頭地を抜く存在と高く評価されている。

さらに Official Series Vol. A として、大正一一年（一九二二）に *The Hot Springs of Japan* が出版されている。本書には、主な冷泉も加えられ、対象地域には朝鮮・台湾・南満州も含まれている。構成をみると、地質、火山、鉱泉の現状・分類、浴室の種類、宿屋などの概説にはじまり、各地の温泉の案内へと続く。鉱泉の分析表などのデータは東京衛生試験所の *The mineral Springs of Japan* から取られている。また一五枚の地図や二〇〇枚近い写真が掲載されているが、とくに地図に関しては、同時期の日本語版『温泉案内』と比較すると、大判の折り込み図になっているものが多いため、詳細かつ正確で読みやすい。さらに掲載されている温泉も二一〇ほど（朝鮮・台湾・南満州を含む）であるため、各地の解説が分量的にも多くなっており、具体的で丁寧である。

なお、本書の編集者として、鉄道省の英文ガイドブック出版ディレクター・ガリス（Frederic de Garis）の名があげられている。凡例には、彼は記述されたほとんどの温泉を訪ねたとある。鉄道省とガリスとの関係は、*Japanese Landscape Gardens*（一九二六年）や *The Annual Cycle of Blossoms in Japan*（一九二六年）などの出版物でも確認できる。また箱根宮ノ下の富士屋ホテルが発行した、日本の習慣・儀礼などに関する解説書 *We Japanese*（一九三四年）の編著者でもある。ちなみに *We Japanese* の温泉の項には、詳しいことは、ジャパン・ツーリスト・ビューローで販売中の *The Hot Springs of Japan*（定価九円）を推奨するとの一文が添えられている。

このように、本書は、日本に不案内な外国人旅行客のために、場所を精選しつつ温泉の魅力を伝えようとしている点で、日本語版にはない独自の個性を感じさせる案内書になっている。

4　民間における案内書の出版

それぞれの温泉地単独の案内書の出版は明治以前からの長い歴史をもつし、明治二四年（一八九一）の『下野鉱泉誌』、明治二五年（一八九二）の『上野鉱泉誌』『信濃鉱泉誌』、明治二八年（一八九五）の『岩手県鉱泉誌』のような県単位での案内書も明治中期以降みられるようになる。しかし、全国の温泉を対象にしたものになると、内務省衛生局の『日本鉱泉誌』以来しばらく確認できない。

●明治後期の温泉案内

明治三〇年代には「避暑旅行」の目的地として、史跡名勝、山岳・高原、海水浴場とならんで

表3　大正期までの全国の温泉に関するおもな案内書

発行年	編著者	書　名	定　価	発　行	本文ページ数
明治37年 1904	大塚陸太郎	『鉱泉気候療法論』	1円80銭	吐鳳堂書店	486頁
明治43年 1910	長尾折三	『日本転地療養誌　一名浴泉案内』	3円	吐鳳堂書店	662頁
大正6年 1917	東京温泉案内社	『保養遊覧　日本温泉案内』	90銭	誠文堂	398頁
1917	温泉調査会	『転地療養　温泉地案内』	45銭	三徳社	141頁
大正7年 1918	全国温泉案内社	『全国温泉明細案内』	95銭	阿蘭陀書房	328頁
1918	田山花袋	『温泉めぐり』	1円20銭	博文館	476頁
大正8年 1919	東京温泉案内社	『保養遊覧　日本温泉案内』訂正増補版	1円35銭	誠文堂	398＋185頁
1919	松川二郎	『保養遊覧　新温泉案内』	1円50銭	有精堂	351頁
大正9年 1920	全国名所案内社	『全国の温泉案内』	2円50銭	岡村書店	636頁
1920	温泉研究会	『全国温泉案内』	1円40銭	日本書院	526頁
1920	石上録之助	『保養遊覧　全国温泉名勝めぐり』	1円60銭	精文館書店	431頁
大正10年 1921	宇根義人	『春夏秋冬　温泉案内』	2円50銭	東盛堂	449頁
大正11年 1922	田山花袋・中沢弘光	『温泉周遊』西の巻	4円50銭	金星堂	111枚＋235頁
1922	田山花袋・中沢弘光	『温泉周遊』東の巻	4円50銭	金星堂	96枚＋247頁
1922	松川二郎	『療養本位　温泉案内』	2円60銭	三徳社	592頁
大正14年 1925	小川琢治	『温泉の研究』	1円50銭	内外出版	296頁
1925	森川憲之助	『新編　日本温泉案内』	2円50銭	誠文堂	666＋50頁
大正15年 1926	森川憲之助	『隠れて優秀な　温泉新案内』	2円30銭	白揚社	417頁

温泉を紹介する案内書が増えてくる。とはいえ、明治三四年（一九〇一）の『避暑漫遊旅行案内』や明治四四年（一九一一）の『山水名勝避暑案内』では、掲載されている温泉数は六〇前後にすぎない。

そうしたなかで、鉱泉療法を詳述した二冊の著書がみられた（**表3**）。明治三七年（一九〇四）の『鉱泉気候療法論』は、医師が患者を療養地に送る際の参考書となるように編纂されたものである。本書の前半は、水の生理的作用・医治効用、浴法および適応症・禁忌症、鉱泉療法、気候の作用などの解説で、後半は、鉱泉地誌・海水浴地誌・避寒地と避暑地の案内となっている。

明治四三年（一九一〇）の『日本転地療養誌』は、『日本鉱泉誌』にもとづいて全国の温泉を網羅している。鉱泉療法だけでなく、気候療法、海水浴・海気療法の解説も詳しく、各地の山間療養地と海水浴場も掲載する。「本書は温泉に遊ばんとするもの〻、或は温泉療法を知らんとするもの〻必読書」といわれた（藤浪剛一『温泉知識』一九三八年）。ただし、各地の温泉の景況については『日本鉱泉誌』からほとんど書き改められていない。また専門的な転地療養に関する解説が主体で、高価なことから、読者は限られていたと考えられる。

●大正期の温泉案内

大衆向けの案内書としては、大正六年（一九一七）の東京温泉案内社と温泉調査会による著作の出版が早い（**表3**参照）。『保養遊覧日本温泉案内』の「はしがき」には、温泉を選ぶのに「師友的良書」が必要だが、従来なかったことが本書刊行の理由で、そのため本社は多大の努力をもって具体的調査を実行したと述べている。また『転地療養温泉地案内』の「はしがき」では、「本邦には温泉案内なる著書も之が嚆矢」と最初の案内書であることを強調し、各地の温泉旅館の協力を得て、如何なる病気にどの温泉がよいか、遊覧地としてはどこがよいかを調査し、泉質・効能・気候・風景・費用・行路などを記述したという。

旅行ガイドに求められる役割を的確に把握した緒言を寄せているのは、大正七年（一九一八）の『全国温泉明細案内』である。そこでは、位置、交通、特色、泉質・効能、旅館、名勝古蹟などを調べた上で行李を整えられるような懇切な案内者となると同時に、遊浴中の好伴侶となることを期待し、かつ多忙な日々のなかで居ながらにして全国の温泉地に遊ぶような感じを抱かせて、夏の暑さをしのぐ友となるだろうと本書を位置づけている。すなわち、旅行前の準備に役立ち、旅行先に携帯されるだけでなく、この案内書によってアームチェアー・トラベラーとなりうることをセールスポイントにしているのである。

また、田山花袋の『温泉めぐり』や『温泉周遊』は、紀行文であって実用的な案内書ではない。けれども、『温泉めぐり』は多くの版を重ねてベストセラーになり、大正一五年（一九二六）には増補版が出ているし、『温泉周遊』二巻も昭和三年（一九二八）には「鮮満の温泉」を加えて合本したものが刊行されており、多くの読者を獲得した。温泉地の風情や人々の描写が面白く、花袋独自の温泉の評価が興味深い。

大正九年（一九二〇）の『全国の温泉案内』では、本文の上欄に紀行文が掲載されており、温泉案内と並行して読むことができる。その紀行文の作者は多彩で、田山花袋はもちろんのこと、河東碧梧桐・高山樗牛・島村抱月・尾崎紅葉・坪谷水哉・大町桂月・小島烏水・大槻文彦・幸田露伴・徳富蘆花・志賀重昂らの名前がみえる。紀行文を読むことで、空想上の旅行を楽しむことができるようになっている。

●『地球』温泉号

『地球』とは、京都帝国大学理学部地質学教室に置かれた地球学団の機関誌である。地球学団の規約には、地球に関する学術研究を進めて、かねて同好の士の親睦を図ることを目的とすると記されており、地質学・地理学などの研究とその普及を図るための雑誌として、大正一三年（一九二四）に創刊された。以後、六冊をもって一巻に数えながら、二七巻まで続いた。その第二巻一号が温泉特集である。執筆者には、小川琢治・藤浪剛一・喜田貞吉・横山又次郎・田中阿歌麿・石橋五郎・佐藤伝蔵・浜田青陵・内藤湖南らが並び、地質学・温泉医学・歴史・民俗など幅広い内容の論考が掲載されている（図14）。

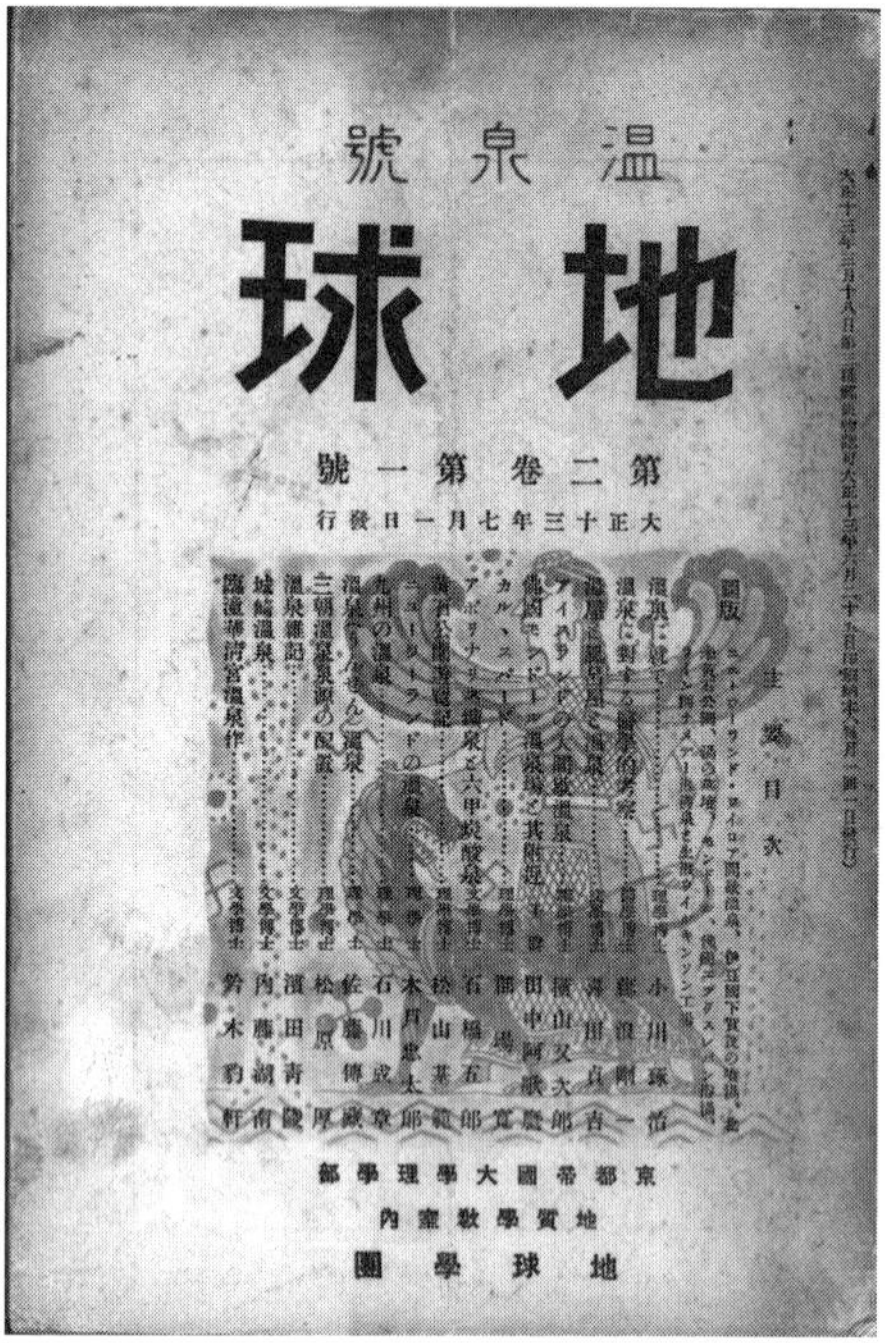

図14　『地球』温泉号の表紙

この巻頭言には「時恰も夏季休暇の旅行季節に入り、本誌読者が見学或は休養の目的で家庭を出で教室を離れられるのであるから、読者の自然現象考察の一端として本号全誌面を温泉に関する事に委ねることにした。……今まで温泉の案内記はあつても又た之れに関する科学的研究は専門家の報告はあつても、系統的に纏めた単行本がない」とある。

この記述から、当時まとまった温泉に関する研究書がなかったこと、また地球学団の会員にとっても夏期休暇の旅行目的地として温泉は欠かせなかったことが確認できる。この温泉号には相応の需要があったと思われ、翌年には小川琢治編『温泉の研究』という単行本になって再刊されている。

このように、全国の温泉地を取り上げた大衆向けの案内書の出版は、大正期になって、官民双方によって盛んに行われ、内容の充実をみた。こうした動きは、鉄道を利用した旅行の普及時期とも一致している。

コラム1　温泉番付

相撲の番付にならい東西に分けて温泉の地位を示した温泉番付は、ランキング好きの人にとっては興味が尽きないものであろう。木暮金太夫による解説によれば、温泉番付は江戸中期より後期にかけて流行し、明治末期まで各地で出版されたもので、出版地は東京や京都のほか福島・栃木・群馬などで、とくに草津のものが圧倒的に多いという（「温泉番付について」木暮金太夫編『錦絵にみる日本の温泉』二〇〇三年）。江戸期には「諸国温泉効能鑑」のタイトルで多く出版されている。文字通り、温泉の効能を知るための手引きとして重宝がられたのであろう。

ここでは、『錦絵にみる日本の温泉』に掲載されている三枚の番付と草津で刊行されたものを例に取りたい。番付に掲載されている温泉数は一〇〇を上回るものが多いが、ここでは上位のものだけを比較しよう。**表4**にあるように、最高位の東大関が草津、西大関が有馬というのが定番になっている。東の番付で草津に続くのは、那須・湯河原・芦ノ湯・岳・伊香保・鳴子・高湯などで、いずれも江戸期の番付にもみえる歴史のある温泉となっている。とくに番付上位に来ているのは、溶存物質の少ない単純温泉よりも、療養効果の得られそうな泉質の温泉といえそうである。昭和一五年（一九四〇）の鉄道省『温泉案内』によれば、草津は「硫化水素含有酸性明礬緑礬泉」、那須湯本と高湯は「硫化水素含有酸性緑礬泉」、湯河原は「弱アルカリ性食塩泉」、芦ノ湯は「単純硫化水素泉」、岳は「酸性緑礬泉」、伊香保は「石膏性苦味泉・炭酸鉄泉」、鳴子は「アルカリ泉・芒硝含有硫化水素泉」といった泉質が記載されており、酸性泉や塩類泉の温泉が並んでいることがわかる。とくに草津の時間湯の入浴法はよく知られていた（**図15**）。

なお男鹿温泉は、番付には「小鹿嶋」と表記されており、江戸期には藩主の利用した湯として知られていた。しかし『全国温泉鉱泉ニ関スル調査』によれば、湯本（南秋田郡北浦町）とあって、大正期の

表4　温泉番付にみられる温泉の一覧

	文化14年(1817)	明治20年(1887)	明治29年(1896)	明治41年(1908)
東　大関	草津(群馬)	草津(群馬)	草津(群馬)	草津(群馬)
関脇	那須(栃木)	伊香保(群馬)	那須(栃木)	那須(栃木)
小結	湯河原(神奈川)	塩原(栃木)	男鹿(秋田)	諏訪(長野)
前頭	芦ノ湯(神奈川)	修善寺(静岡)	伊香保(群馬)	岳(福島)
前頭	岳(福島)	湯河原(神奈川)	湯河原(神奈川)	鳴子(宮城)
前頭	伊香保(群馬)	宮ノ下(神奈川)	芦ノ湯(神奈川)	高湯(山形)
前頭	鳴子(宮城)	岳(福島)	岳(福島)	湯河原(神奈川)
前頭	高湯(山形)	那須(栃木)	高湯(山形)	芦ノ湯(神奈川)
前頭	男鹿(秋田)	高湯(山形)	鳴子(宮城)	日光湯元(栃木)
前頭	嶽(青森)	鳴子(宮城)	諏訪(長野)	渋(長野)
前頭	箱根湯本(神奈川)	男鹿(秋田)	嶽(青森)	伊香保(群馬)
西　大関	有馬(兵庫)	有馬(兵庫)	有馬(兵庫)	有馬(兵庫)
関脇	城崎(兵庫)	城崎(兵庫)	城崎(兵庫)	城崎(兵庫)
小結	道後(愛媛)	道後(愛媛)	道後(愛媛)	道後(愛媛)
前頭	山中(石川)	山中(石川)	山中(石川)	山中(石川)
前頭	阿蘇(熊本)	阿蘇(熊本)	阿蘇(熊本)	雲仙(長崎)
前頭	浜脇(大分)	浜脇(大分)	浜脇(大分)	阿蘇(熊本)
前頭	雲仙(長崎)	雲仙(長崎)	雲仙(長崎)	霧島(鹿児島)
前頭	霧島(鹿児島)	霧島(鹿児島)	霧島(鹿児島)	山鹿(熊本)
前頭	別府(大分)	別府(大分)	別府(大分)	和倉(石川)
前頭	山鹿(熊本)	山鹿(熊本)	山鹿(熊本)	修善寺(静岡)
前頭	下呂(岐阜)	大鰐(青森)	下呂(岐阜)	下呂(岐阜)
行司	熱海(静岡) 熊野本宮(和歌山) 大鰐(青森)	熊野新宮(和歌山) 熊野本宮(和歌山) 日光湯元(栃木)	熱海(静岡) 熊野本宮(和歌山) 大鰐(青森)	熱海(静岡) 箱根湯本(神奈川) 伊香保(群馬)
勧進元 差添	熊野新宮(和歌山) 川原湯(群馬)	四万(群馬) 熱海(静岡) 荒湯(栃木)	沢渡(群馬) 熊野新宮(和歌山) 川原湯(群馬)	熊野本宮(和歌山) 熊野新宮(和歌山)
図名	「諸国温泉鑑」	「諸国温泉一覧」	「諸国温泉鑑」	「大日本温泉一覧」
出版人	三嶋屋(草津)	垣本源次郎(東京)	宮崎団十(草津)	片田長次郎(東京)

名称に当て字が使用されている場合など、適宜、今日の表記に変更した。

Fig. 2

th" at **Kusatsu.**

is daily at the definite hours are a rule and bathers must submit to a sort of semi-
p. 20)
ke deal boards and stir up the water in the tub with a concerted rhythm of motion
5° F.
ers full of the hot water over their heads to prevent vertigo on entering the water.
of a bath cannot exceed three minutes. The second row of bathers stand along the
ves the signals one after another : "*two minutes remain*" ; "*only one minute*"*; put up*
e final order, who should remain behind ! All at once bathers jump out of the water.

The mineral springs of Japan.（大正４年/1915）より
り湯を行う。左下：湯長の指示にしたがい湯に入る。時間は３分を超えない。

Fig. 3

Jikan-yu or " T

The usual Kusatsu course includes 120 baths, spread over four or five weeks. F
military discipline and be obedient to the orders of the bath-masters. (Pt. I, p. 29;
1. Before entering the water, at the word of command of the bath-master all ba
and a vocal chant to cool it—bringing the temperature down from about 13
2. Then bathers kneel in rows along bath-beams and pour each one or two hundr
3. Now by the direction of the bath-master they gradually enter the water. Th
side of the tub waiting for the first bathers to leave the water. The bath-m
with it a little longer"; "*perseverance is necessary*" and "*now then, get out*"

図15　草津温泉の時間湯の解説

中央上：湯の温度を下げるために湯もみをする。右下：百回から二百回のかぶ

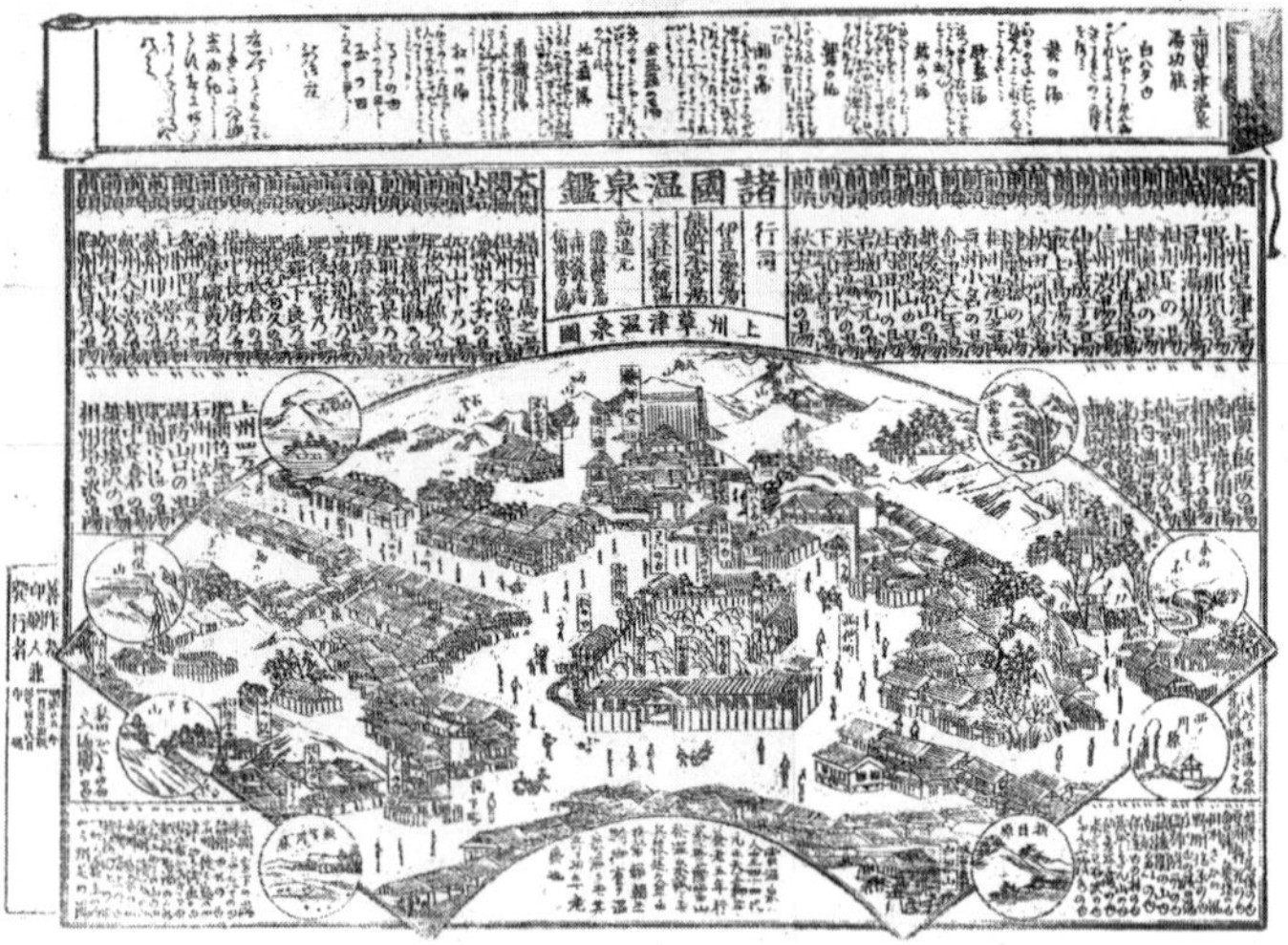

図16　温泉番付を掲載する「上州草津温泉図」
著者・発行者不明、明治25年（1892）刊

年間入浴客数はわずか四三〇人という状況であった。

　西の番付では、有馬・城崎・道後・山中という順位が不動であることがわかる。いずれも長い歴史をもつ温泉である。以下には九州の温泉が並び、火山のある阿蘇・雲仙・霧島、互いに隣接する浜脇と別府、そして山鹿が続いている。九州以外では下呂が上位にある。東の番付と比べると、西の番付は順位の変動が小さい。これは、東京・草津といった出版地ゆえに、西日本の温泉に対しては古来の知名度を優先したためであろうか。

　また、温泉の分布は均質ではないため、西の番付に、東日本の温泉が入っていることも多い。明治二〇年の青森

県大鰐温泉もその例であり、さらにこの番付の下位には、栃木・新潟・神奈川・秋田・長野・群馬などの温泉も西にみられる。表によれば、修善寺は東西双方の番付上位につけていることもわかる。

行司や勧進元・差添には、熊野本宮・熊野新宮が欠かさずなっているほか、熱海も割りあてられている。明治二九年に草津で出版された番付には、草津へのルート上にある沢渡・川原湯が勧進元になっており、地域性もうかがえる。ともあれ、草津では、東大関であることを絶好の宣伝材料と捉えていたようで、温泉街の図絵とセットになった温泉番付が何種類も出版されている（**図16**）。管見の限りでは、明治二〇年代から三〇年代に多く刊行されている。

このような温泉番付が大正期以降ほとんど出版されなくなるのは、それに替わる全国的な温泉のガイドブックが普及したためであろう。すなわち、全国各地の温泉について、交通・効能・旅館といった情報を一冊にまとめたものが容易に入手できるようになって、温泉番付の役割が終わったといえよう。

2　鉄道旅行普及以前の温泉地

1　明治初期の入浴客数ランキング

ここでは、鉄道網が形成される前の温泉地の状況を把握するため、内務省衛生局編纂の『日本鉱泉誌』をもとに分析を進める。第1章で述べたように、本書には、全国九二二か所の鉱泉について、泉質・位置景況・浴客人員などが記載されている。この浴客人員とは、凡例には、明治一一年（一八七八）以後二、三年間を平均して一か年の概数をあげるか、平均でない場合は何年かを示すとある。しかし、実際のデータをみると、明治九年（一八七六）から明治一三年、明治一四年（一八八一）から明治一六年といった期間をとっている例なども若干含まれている。したがって、おおむね明治一〇年代前半の年間入浴客数と考えればよいであろう。

表5が入浴客数の多い鉱泉の一覧を示したものである。この表では、入浴客数が年間一万五千人以上の温泉地を取り上げた。これは一日あたりに換算すると、四一人となる。つまり上位の温泉地といっても、当時はそれほどの規模ではなかったことがわかる。以下では、一〇位までの温泉地の概要を示していく。

●道後温泉

一位の道後温泉における年間平均浴客数は、七二万一七二一人と突出している。これを一日あたり換算すると一九七七人となる。この数値について、『日本鉱泉誌』では、他の繁盛する浴場と比べると多すぎるが、それは外来の浴客と地元の人が朝夕浴するものを合算したことによるのであろうとしている。

当時の道後温泉には三つの浴場施設があった。一之湯・二之湯・三之湯は一つの建物の中にあり、泉源は一つであった。浴槽には花崗岩が使われ、それぞれ大きさは異なっていた。一之湯の余流を受けていた養生湯には、男女の浴室があり、底に白砂を敷いていた。明治九年（一八七六）の湯銭は、一之湯（男）が昼五厘・夜七厘、二之湯（男）と三之湯（女）が昼一厘・夜三厘、養生湯が無料であった。そして一之湯を一時間の留め湯とすると二五銭を必要とした（『道後温泉

表5　明治初期における入浴客数の多い温泉地

	名　称	所在地	浴客数		名　称	所在地	浴客数
1	道後	愛媛県松山市	721,721	25	草津	群馬県草津町	24,150
2	柄崎(武雄)	佐賀県武雄市	290,400	26	別府＋浜脇	大分県別府市	21,970
3	山鹿	熊本県山鹿市	95,046	27	湯本	神奈川県箱根町	21,600
4	下浅間＋上浅間(浅間)	長野県松本市	71,696	28	諏訪山	兵庫県神戸市	21,333
5	福山宮ノ脇	鹿児島県霧島市	69,250	29	下部	山梨県身延町	20,456
6	渋湯	長野県山ノ内町	52,287	30	湯ノ浦(吹上)	鹿児島県日置市	19,880
7	武蔵(二日市)	福岡県筑紫野市	50,000	31	遠刈田	宮城県蔵王町	19,648
8	院内＋大湯(別所)	長野県上田市	47,635	32	青根	宮城県川崎町	19,344
9	福山宮ノ下	鹿児島県霧島市	46,815	33	粟津	石川県小松市	19,234
10	白絲(美ヶ原)	長野県松本市	44,476	34	瀬戸鉛山(白浜)	和歌山県白浜町	18,884
11	湯田	山口県山口市	43,787	35	塔ノ澤	神奈川県箱根町	18,677
12	硫黄谷	鹿児島県霧島市	40,627	36	安台(安代)	長野県山ノ内町	18,011
13	古湯	佐賀県佐賀市	40,000	37	薬師野(新宮)	石川県宝達志水町	18,000
14	関屋	新潟県新潟市	38,535	38	赤湯	山形県南陽市	17,990
15	山田	富山県富山市	35,666	39	田川(湯田川)	山形県鶴岡市	17,333
16	嬉野	佐賀県嬉野市	35,000	40	山代	石川県加賀市	17,000
17	熱海	静岡県熱海市	34,368	41	台ヶ森	宮城県大和町	16,240
18	湯本	山口県長門市	31,600	42	敷根	鹿児島県霧島市	15,975
19	岩井	鳥取県岩美町	31,200	43	吉岡	鳥取県鳥取市	15,893
20	塩浸	鹿児島県霧島市	27,846	44	鯖湖ほか2湯(飯坂)	福島県福島市	15,461
21	湊山	兵庫県神戸市	27,640	45	菰野(湯の山)	三重県菰野町	15,158
22	湯田中	長野県山ノ内町	25,540	46	小川	富山県朝日町	15,146
23	伊香保	群馬県渋川市	24,883	47	辰口	石川県能美市	15,120
24	松寺	石川県金沢市	24,812	48	底倉	神奈川県箱根町	15,000

飯坂は、鯖湖・赤川端・瀧ノ湯の合計を示した。
『日本鉱泉誌』より作成

図17　道後温泉本館（右）と又新殿（左）
The mineral springs of Japan.（大正4年/1915）より

増補版』一九八二年)。しかし、一之湯を貸し切りで使用すると一般の浴客が迷惑するので、上等の浴客のために明治一一年（一八七八）新湯が完成している。この新湯は男女の浴室と特別室からなり、三層楼の華麗な建物であった。このほかに諸湯の流れを合わせて牛馬湯が設けられていた。ちなみに『日本鉱泉誌』には、牛馬三〇七八頭が浴するとある。

その後、道後湯之町の町制施行にともない、温泉経営は町営となる。そして養生湯が明治二五年（一八九二）に、一之湯・二之湯・三之湯（神の湯・本館）が明治二七年（一八九四）に、新湯（霊の湯・又新殿）が明治三二年（一八九九）に相次いで改築されている（図17）。明治三三年（一九〇〇）頃における年間浴客数は、霊の湯五七〇五人、神の湯三九万五一七一人、養生湯三七万二〇八三人、松ノ湯二〇万六〇二〇人、薬湯三万一〇九五人を数えている（『道後温泉誌略』明治三四年／一九〇二）。この数値には町民の月極による利用者は含まれていないが、それでも男性六一万三三五一人、女性三九万九七二三人、合計では一〇〇万人を超えており、明治初期の浴客数と比べて大きく増加している。

●柄崎（武雄）温泉

二位の柄崎《つかさき》温泉は武雄温泉の古称である。ここでは、二九万人の浴客を数えている。この数値に対しては、遊客がすこぶる多く、単に病を養う者は三分の一との注記があるので、すでに湯治客よりも遊覧客のほうが多かったことがわかる。位置景況には、湧出した湯は泉池に満ちて石の掛樋を通して七か所に分派し、温泉組合事務所を設けて浴場の管理をしている。浴室の構造はかなりよく、旅宿が四〇戸ほどあると記載されている。

図18には、明治二三年（一八九〇）の『佐賀県独案内』掲載の「肥前国杵島《きしま》郡武雄町柄崎温泉之真景」を示した。この図に描かれている武雄温泉元湯の建物は、明治八年（一八七五）年に建てられたものである。もとの浴場は数百年にわたって修繕を続けてきたが、宏壮清潔を尽くすとはいえず、文明の世に旧慣を改めたという（『佐賀県杵島郡武雄温泉誌』明治二四年／一八九一）。門のところには「蓬莱泉《ほうらいせん》」の看板が掛けられており、中庭が整備されている様子が理解できる。

図18 「肥前国杵島郡武雄町柄崎温泉之真景」の一部
『佐賀県独案内』（明治23年 /1890）所収
武雄市図書館・歴史資料館編『温泉 和みの空間』より

明治二八年（一八九五）には、佐賀と武雄のあいだが鉄道で結ばれ、武雄駅が開業した。明治三五年（一九〇二）の『避暑旅行案内』には、来浴者増加し、目下旅宿を業とするもの六〇戸余に及び、すこぶる盛ん、ことに夏季は避暑を兼ねて赴く者多く、空室を留めずという記述があり、さらに発展をみせている。また、浴室は八等に分けられていて、特等五銭、上等三銭、中等二銭、下等五厘から二厘までというように入浴料が設定されていた。

●山鹿温泉

三位の山鹿温泉の浴室には、貴賓専用の瀧ノ湯（御前湯）のほか、桜湯（男湯）、

図19　山鹿温泉の浴場
大正9年（1920）『温泉案内』より

紅葉湯（女湯）、瘡治湯、瀧ノ湯から湯を引いた松ノ湯があった。『日本鉱泉誌』によれば、浴室の構造はとても宏壮で、石材を使って浴槽をつくり、底には砂を敷き、湧出口はそれぞれその下にある。旅宿は大小八〇戸余あり、熊本へは七里（二七・五キロメートル）あるが、馬車の往来は便利と記述されている。山鹿温泉の浴場は明治四年（一八七一）に地元の名望家井上甚十郎と江上津直を中心に住民の協力によって完成したものである。

明治六年（一八七三）には、湯治客からは一週間につき、松ノ湯三銭五厘、紅葉湯二銭五厘、桜湯一銭二厘を徴収することが決められているが、湯銭の取り立てがきっちりと実行されるようになるのは明治三一年（一八九八）以降である。その前年には温泉が区有から山鹿町の所有に切り替えられている（『山鹿市史　下巻』一九八五年）。さらに道後温泉から大工の坂本又八郎を招き、その設計による浴場が明治三一年から三年余りをかけて完成した（**図19**）。浴場の建築は豪壮華麗で、庭園を築き、休憩所・娯楽室などもあり、浴室は滝の湯・松の湯・紅葉の湯・桜湯・梅の湯の五段階に分かれていた（『山鹿温泉誌』大正一五年／一九二六）。また、浴場経営だけでなく、温泉のまわりには多くの貸家がつくられ、その賃貸料の収益も大きかった。その最高ランクの建物が松風館で、細川藩の御茶屋を改築したものであった。

●浅間温泉

四位の浅間温泉は『日本鉱泉誌』では、上浅間と下浅間に分けて記載されており、多数の浴場があった。上浅間では各所より温泉が湧出しており、浴場はおよそ五〇か所、そのうち著名なものが一四か所、下浅間では上浅間の源泉を引いた浴場が一七か所あるという。『日本鉱泉誌』記載の浴場は、上浅間が梅湯・疵湯・疝気湯・松湯・柳湯・湯坂湯・小柳湯・堀湯・御座湯・滝湯・御殿湯・管湯・竹湯・倉下湯、下浅間が賽ノ湯・薬師湯・コガネ湯・角ノ湯・桐ノ湯・亀ノ湯・菊ノ湯・鶉ノ湯・臼ノ湯・玉ノ湯・千代ノ湯・鳶ノ湯・笹ノ湯・港ノ湯・目ノ湯であった。旅宿はあわせて七〇戸ほどで、松本までわずか二〇町(約二・二キロメートル)と交通の便もよく、四季をとおして遊浴の客がすこぶる多いと記されている。

浅間では、明治二〇年(一八八七)頃には、直接間接に湯の権利をもつものが全戸数の約七割を占める一三〇戸に及び、温泉宿も農閑期の副業であったものが専業になっていった。さらに松本が生糸の町として発展するようになると、歓楽地としての色彩を強めていく(『松本市史　第二巻』一九九五年)。大正一一年(一九二二)の『療養本位温泉案内』には、温泉宿は四〇余軒あって、こ

図20　浅間温泉の鳥瞰図　昭和初期発行の「信州浅間温泉案内」より

とごとく内湯をもち、西石川（ささの湯）・富貴の湯・目の湯・梅の湯・常盤の湯・小柳の湯・音羽の湯・千代の湯・藤見の湯・松の湯・桑の湯・中村屋（寿の湯）をおもな旅館としてあげる。昭和初期の**図20**でも、上述した浴場や旅館の名称の多くを確認することができる。

●福山宮ノ下と福山宮ノ脇

五位の福山宮ノ脇と九位の福山宮ノ下については、明治一二年（一八七九）に発見され、浴室が創設されたばかりのため、年間浴客数はその翌年のデータである。二つの泉源は、海岸に臨む宮浦神社前の井中より湧出しており、掛樋によって浴槽に引き、それを温めて浴用に提供されていた。この地は港となっており、宮崎や鹿児島にいたる小蒸気船が通い、往来がとても便利なので浴客も多いとある。ただし、宮ノ下には遠来の客は一〇分の一、宮ノ脇には遠来の客は二〇分の一との注記があり、もっぱら地元の人の共同浴場となっていたことがわかる。

『全国温泉鉱泉ニ関スル調査』には、川井田鉱泉と川畑鉱泉新湯とみえ、いずれも個人経営で、大正期の入浴客数は四万四五七〇人と四万四一二七人であった。明治初期と比べると若干減少しているものの、ローカルな湯治場としての機能を保ち続けていたことがわかる。この二つについては、その後出版された各種の『温泉案内』に取り上げられておらず、現存もしていない。宮浦神社周辺で尋ねたところ、皮膚病によく効く湯として、昭和期にも賑わっていたという。

●渋温泉

六位の渋温泉は『日本鉱泉誌』に「本州浴場中此村ヲ以テ最繁盛」と記されている。最も大きな大湯、三か所より湧出する目洗湯、飛湯と旭湯を合わせる新目洗湯、温泉寺境内にある大瀧湯と温泉寺湯、水車で汲み上げられる初湯、それを引く笹ノ湯、市街の南に湧出する綿ノ湯があり、このほか内湯と称するものが七か所、旅宿は三二戸あるという。

明治三五年（一九〇二）の『避暑旅行案内』にも掲載されており、大湯・初湯・笹の湯・綿の湯・神明滝湯・七操湯・目洗湯・千代の湯・寺の湯・不動の湯・上葛の湯・下葛の湯・地獄谷の

図21　渋温泉大湯の絵はがき

湯などの浴場があげられている（図21）。大正五年（一九一六）の『平穏温泉之栞』は、今なお地方の素朴さを失わず、贅沢に流れていない、富者の占有でないと同時に、都人士を迎えるに適した相応の施設もあるという。また、渋温泉の旅舎は一二戸で、そのうち五戸は内湯を有すると記す。明治初期からの旅館数の減少は、設備の整った宿のみが記載されているためと考えられる。さらに同書には、最近一年間の調査による浴客数は九万五千人で、うち地方人二万人、越後三万五千人、東京二万人、中央線方面二万人という数値が掲げられている。

●武蔵温泉

七位の武蔵温泉は太宰府の南に位置する。長く用いられてきた武蔵温泉の名称は、二日市町の戦後振興にかける施策のなかで、昭和二五年（一九五〇）に「二日市温泉」と改称されている（『筑紫野市史　下巻』一九九九年）。『日本鉱泉誌』には、源泉は武蔵川の川底一四か所から湧出し、一七か所に浴場を設け、人家は九〇戸余あり、おおむね浴客を宿泊させるとある。地元武蔵区の経営する共同浴場として御前湯・薬師湯・川湯があった。

武蔵温泉が博多の奥座敷として脚光を浴びるようになるのは、明治二二年（一八八九）の二日市駅開業が契機となっている。そこで内湯をもつ旅館が次々と開業したが、乱掘によって温泉が低温化し、旅館同士で軋轢が生じた。明治二八年（一八九五）以降、区有の三つの温泉を博多の商人に年季貸しを行ない、泉源の改鑿と浴場の新築によって面目を一新していく。薬師湯には高級貸部屋や射的場・玉突き場も備えられた（**図22**）。また同年には第六師団陸軍予備病院の支部がこの地に置かれ、日清戦争に従軍した兵士たち千数百人が訪れた（『武蔵温泉誌』明治三一年／一八九八）。大正八年（一九一九）の『保養遊覧新温泉案内』には、博多の人がくたびれ休めに一晩泊まりに行ったり、女などを連れて遊びに行ったり、大宰府跡や天満宮を訪ねてきた人が一泊したりする温泉とある。

図22　武蔵温泉薬師湯の絵はがき

●別所温泉

八位の別所温泉は、『日本鉱泉誌』では院内と大湯に分けて記載されており、**表5**では合計値を示した。湯川の南に沿って湧出する院内のうち、石湯は天然石の浴槽でそのなかから湯が湧出し、

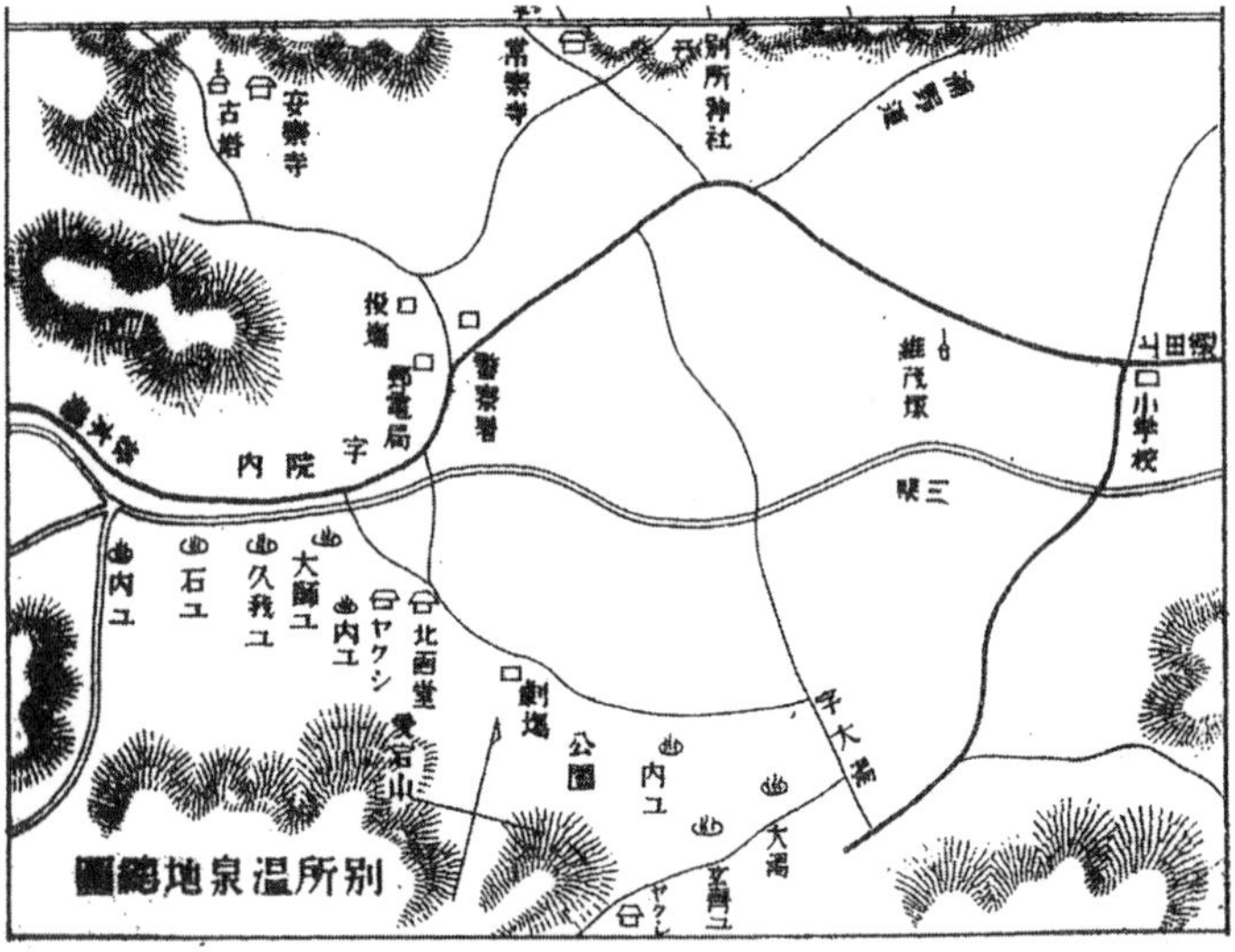

図23　別所温泉の案内図
明治33年（1900）『別所温泉誌』（国立国会図書館所蔵）より

久我湯と倉沢ノ湯は湯戸の宅地から出たものを桶に貯めて浴室に引き、大師湯は泉源二か所の傍に浴室が設けられていた。ほかに西島ノ湯があった。もう一方の大湯には、三つ泉源から引き入れている大湯と浴室の西側から湧出する玄斎湯があった。

明治三三年（一九〇〇）の『別所温泉誌』では、石湯・久我湯・大師湯・大湯・玄斎湯の五つの共同浴場のほか、柏屋・倉沢・鶴屋の内湯を案内している（図23）。また、共同浴場には誰でも随意に入浴でき、三〇戸余りの温泉宿は往来の便利な場所に軒を並べ、料理屋・飲食店は各所に散在し、芸妓も公許されており、所々に軒灯を掲げていると描写している。大正八年（一九一九）の『保養遊覧新温泉案内』には「浴舎には四時浴客が絶えなかった、無論東京辺からわざわざ出かけるやうな人は、滅多にないけれど」とあって、ローカルな温泉地として繁栄しているさまが伝えられている。

●白絲温泉

一〇位の白絲温泉は、湯の原温泉または山辺温泉とも呼ばれていた。現在は「美ヶ原温泉」と改められている。ここには松本藩主の別邸である山辺御殿があり、明治七年（一八七四）に官有地となった旧御殿と温泉が貸し出された。かつて温泉は藩の所有にあり、住民は浴槽一個しかなく湧出量も多くなかったために十分に利用できなかったが、これ以降、自由に入湯できるようになった（『松本市史　第二巻』一九九五年）。

『日本鉱泉誌』には、旅宿が一六戸あり、泉源の側に浴場二か所を営み、三つの浴槽を設けているとある。『全国温泉鉱泉ニ関スル調査』をみると、温泉の湧出量の半分を五名が借り受けて内湯として宿屋を営み、もう半分を住民の共同浴場に充用していることが記されている。大正九年（一九二〇）の『温泉案内』では、角屋・和泉屋・松本・古屋・丸中の五軒の旅館をあげる。

●明治初期における特徴

前掲の**表5**からは、道後を別格とすれば、九州の諸県と長野県に入浴客数上位の温泉地が偏在

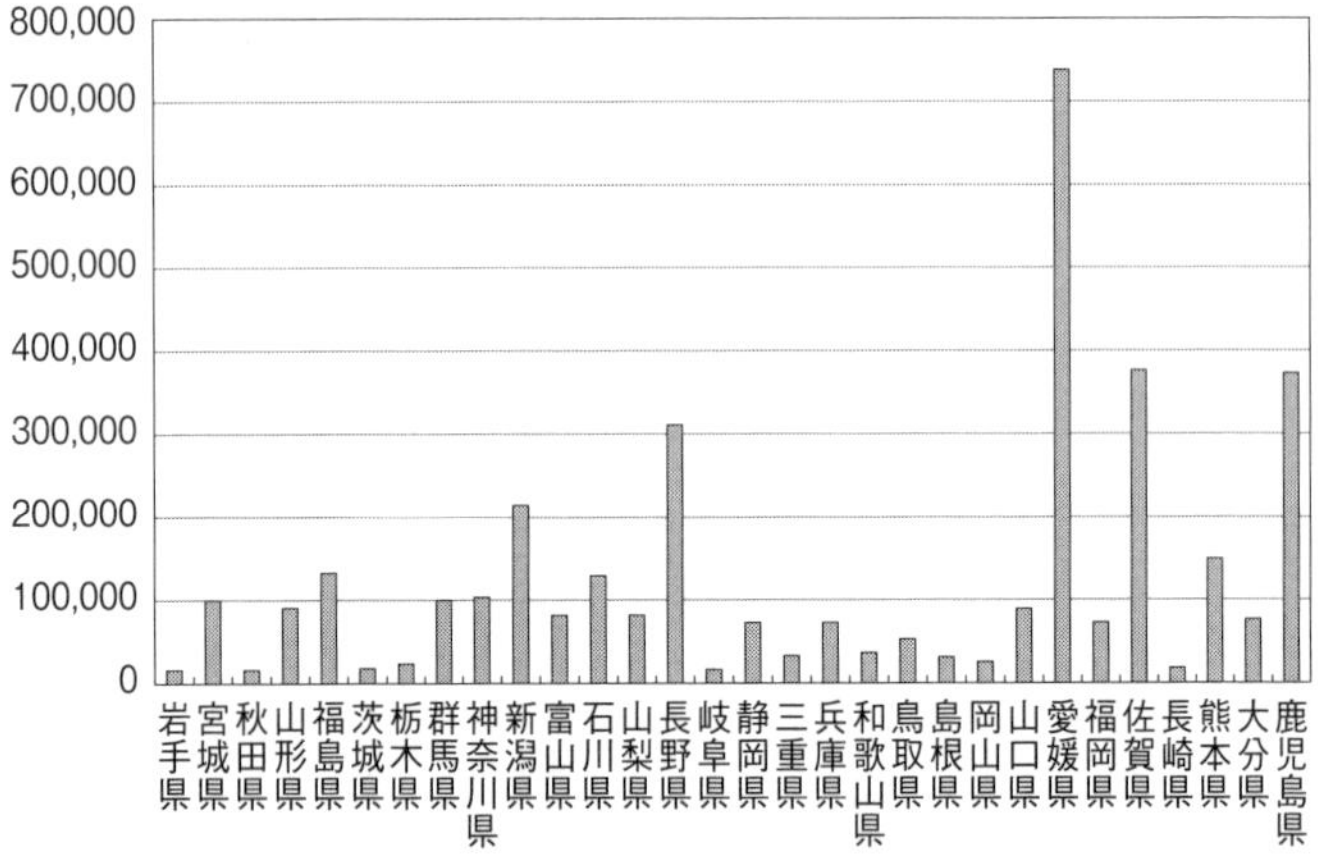

図24　県別にみた明治初期の年間入浴客数（1.5万人以上）
『日本鉱泉誌』より作成

していることがわかる。また市街地に比較的近く、近隣の人が繰り返し利用できるような温泉が上位にきていることが特徴として指摘できる。そして、「温泉番付」に掲載され、効能によって古来より知られていた温泉ばかりでなく、前述の福山宮ノ脇・宮ノ下に加え、新潟の関屋、神戸の湊山・諏訪山、金沢の松寺といった冷泉も含まれている。

また『日本鉱泉誌』記載のデータを集計すると、年間入浴客数は約三七〇万人となる。**図24**は、一万五千人以上の入浴客を数えた県を示したものである。これをみると、東日本で低く、西日本で高い傾向にあることがわかる。これについては、西日本では浴場の施設が整っていて、湯銭をとるため、入浴客のカウントがきっちり行なわれていたことが影響しているのかもしれない。愛媛県・佐賀県については、一位・二位を占めた道後と武雄によって入浴客数が大きく引き上げられている。一方、東北地方には多くの温泉地があるのだが、入浴客数はそれほど大きくない。これは、ほとんどが近隣の農村との結びつきが強いローカルな湯治場であったためと考えられる。

2　明治中期の温泉地の様相

湯治のために、徒歩や人力車・馬車などで温泉に出かけ、短い人でも一週間、長い人になると一か月、二か月と逗留した時期、人々は温泉宿や浴場をどのように利用したのだろうか。以下では、年間入浴客の規模の異なる事例を取り上げて、それぞれの様相をみていきたい。

●湯野川温泉

湯野川温泉は下北半島に位置する。『日本鉱泉誌』には、明治一四年（一八八一）と明治一五年（一八八二）の平均入浴客数は九七人で、五つの源泉と六戸の農業兼業の宿があると記されている。この統計の取られた明治一五年に湯野川に滞在した記録「遊浴日記」がある。筆者の津田永佐久は、会津藩士の子として嘉永二年（一八四九）に生まれ、明治一七年（一八八四）からは青森県議を務め、明治二二年（一八八九）には川内村の初代村長となった人物である（『青森県史　資料編　近現代1』二〇〇二年）。津田のスケッチには、川沿いに河原ノ湯・向ノ湯・下ノ湯・薬師ノ湯・新湯の簡素な浴場が描かれている。

津田は、明治一五年四月二四日に川内から約一六キロメール離れた湯野川温泉に徒歩で向かい、五月一五日まで三週間滞在している。これが初めての湯野川行きで、同行者は母と娘である。湯野川に到着した津田は、寺島勝三郎方に宿泊し、直ちに旅装を解いて入浴しようとする。ここで問題となるのが、ヒシャクで頭に湯をかけるかぶり湯の風習である。この日の入浴の様子を要約すると次のようになる。

事前に医師に相談したとき、浴湯は一日に二三回、かぶり湯は必ずしも行なうべきではないと言われていた。しかし、浴場にいた二、三名の老媼がいうには、この湯は畏れ多くも薬師如来の賜りもので、かぶり湯といえども、神の教えにほかならず、いい加減に聞くべきではないし、もし尊ばなければ悪害があるなどと切々と迫る。土地の習慣を一概に排斥するのも分別がない。しばらく手を組んで沈黙し、躊躇し、心が落ち着かず、ようやくして「郷に入っては郷に従え」というように土地の慣例には一理あるので、かぶり湯をすることを承諾した。この日の入浴は二回で、一回ごとにかぶり湯三〇〇回を行なう。傍らの入浴者をみると、散った湯が人の顔を打ち、数える声が耳を貫くようで、はなはだ嫌悪の念をもった。

このように地元の風習に大いにとまどいつつも、翌日からは一日五回前後入浴し、前後の八日間は一回ごとにかぶり湯三〇〇回、中間の一三日間はかぶり湯五〇〇回から七〇〇回を行なったのである。当初はかぶり湯の浴法に疑念を抱いた津田であったが、身体に著しい効験はみられないものの、頭が軽く精神快活を覚えたとの評価を与えている。かぶり湯そのものは、草津や那須

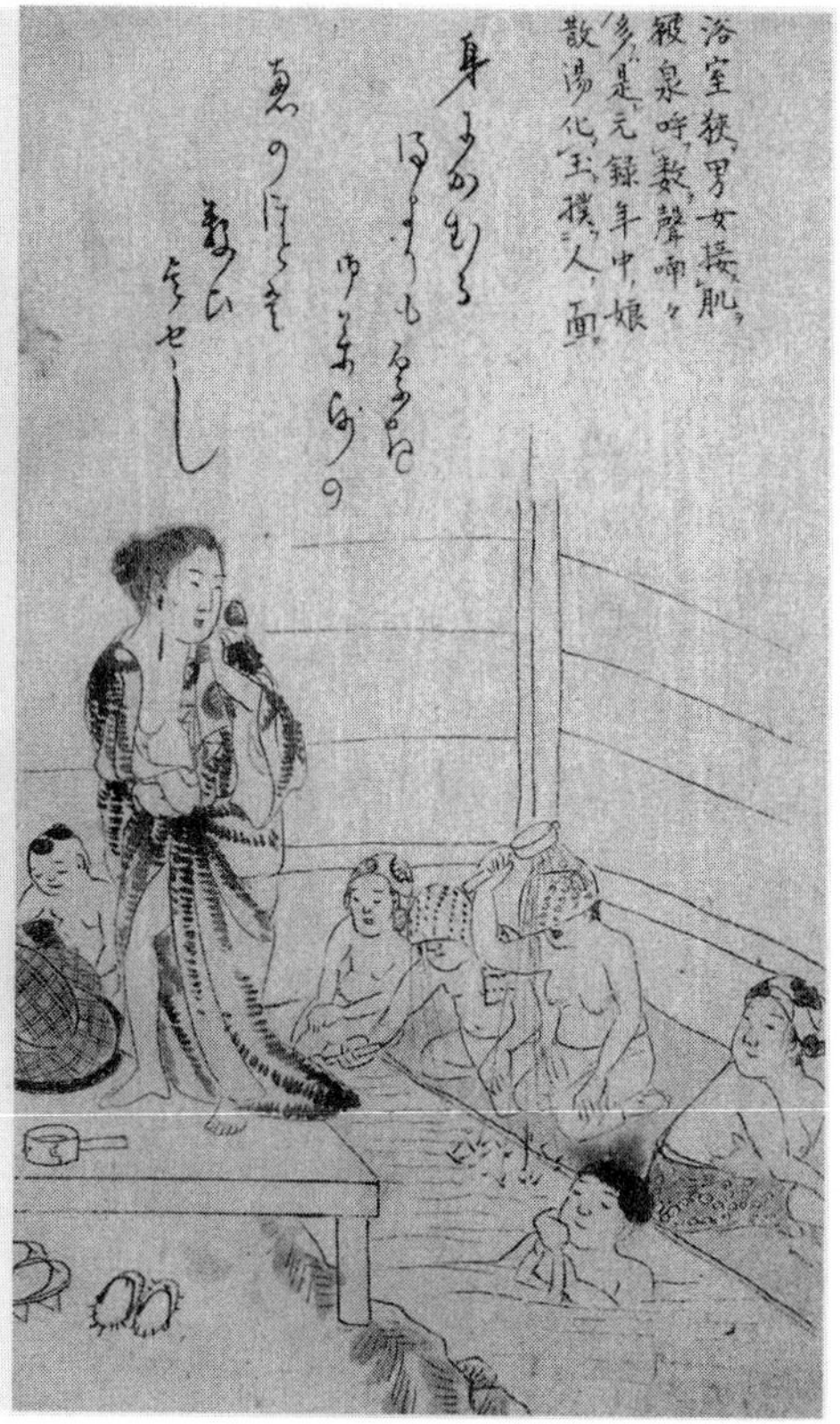

浴室狭シテ男女接レ肌ス／被泉呼レ数フ声喃々／多クハ是レ元録（禄）年中ノ娘／散湯化シテレ玉ト撲二人ノ面一ッ
身にかむる／湯よりも厚き／御薬師の／恵のほとは／数ひ／尽セし

図25　湯野川温泉でかぶり湯をする人々
津田永佐久「遊浴日記」（『青森県史　資料編　近現代1』所収）

などの高温の温泉では脳貧血を防ぐために行なわれるが、ここでは薬師信仰にともなう行為として、湯をかぶる数が多いほど効験があると信じられていたのである。

この地は「深山人跡稀」な土地であり、**図25**にあるように、浴場は狭く、男女混浴であった。「遊浴日記」には宿の仕組みに関する記述はないが、自炊の木賃宿であったと思われる。

●四万温泉

四万《しま》温泉は群馬県北西部の山間地に位置する。明治初期の四万の年間入浴客は四一三三人で、山口地区に浴室五か所・蒸し湯二か所・旅舎四戸、新湯《あらゆ》地区に浴室六か所・蒸し湯三か所・旅舎三戸、日向見地区に浴室一か所・旅舎二か所があった。

四万温泉での滞在は、副食を自分で調理することを原則としており、宿へ支払うのは、入浴料・室料・蒲団夜着代・普通賄い料であった。賄いの代金は主食のみである。こうした仕組みは各地でも一般的にみられた。また宿で出される日用品は、米・味噌・薪・炭などで、それ以外の飲食物などは仕出屋に注文するか、坪廻りとよばれた行商人から入手した（『四万温泉史』一九七七年）。**表6**には、四万温泉場組合によって決められた料金表の一部を示した。これにもとづき、各旅館では、入浴料・室料・賄い料などを記録し、客に代金を請求した。

四万では、明治二一年（一八八八）制定の取締規則で、男女混浴を禁止し、浴室に男女の区別を設け、それを明記することを定めている。また、川原の湯などの一部の共同浴場を除き、浴室は温泉の権利をもつ旅館のなかへ次第に取り込まれていくが、自分の宿泊している旅館だけでなく、あちこちの旅館の風呂に「湯めぐり」することができた（拙稿「四万温泉の鳥瞰図を読む」二〇〇四年）。入浴料は旅館から組合に納入されたので、どこの客であっても入浴料を納めているという

表6　明治中期における四万温泉の価格表

浴　銭	新　湯	山　口	日向見
一人一日	1.0	0.8	0.4

単位：銭

	室　料		夜　着	蒲　団
	一週間貸料	一人一日	一日一枚	一日一枚
特　等	250		6.0	4.0
一　等	100-150	7.2	3.0-5.0	2.3-3.0
二　等	80-120	5.7	2.5-4.0	1.8
三　等	60-80	4.2	2.0-3.0	1.5
四　等		3.5	1.6	1.3
五　等		2.5		1.0

	賄い料	昼飯料
上　等	30	15
中　等	25	10
下　等	17-20	5-7

雑品などの代価の一例

飯炊き料 一週間 10.0	薪 一束 1.2	炭 百匁 0.5	湯下駄 一足 2.5	白米 上一升 7.5
味噌 百匁 2.5	上等醤油 一升 28.0	上等地酒 一升 18.0-20.0	焼酎 大一壜 36.0	すし 一箱 5.0
鰻丼 一人前 12.0	柳川 一人前 9.0	茶碗蒸し 一個 6.0	奈良漬け 百匁 16.0	豆腐 一個 1.0

『四万温泉史』より作成

ことで、他の旅館の風呂へ入ることは自由であり、旅館も互いの湯を開放していた。このやり方は、一泊の客が増加してくる第二次大戦後になって廃れるまで続いた。

●城崎温泉

城崎温泉は『日本鉱泉誌』には「湯島」とみえ、一万二六九六人の入浴客を集めていた。城崎温泉には独自の仕組みがあった。明治二六年（一八九三）の『但馬城崎湯島温泉案内記』掲載の客舎仲間規則の概要は次のようにまとめられる。

湯島で客舎を営むものは五〇戸ほどあり、仲間の規則はとても厳格である。仲間の中に行事がいて、万事取り締まりをし、町の入り口に仲間総代の出張所を設けて、そこで来浴者は住所を記し、親類の人か懇意の人の指図があればその客舎に案内する。そうでない場合は、相応なる宿を見立てて案内する。もし無理に自分で宿に行っても、宿は謝絶するので、案内に従うべきである。宿に不都合があれば、行事が他の宿に移し換える。ただし一泊の客はこの規則に関係しない。この規則は自由を妨げるようだが、大勢の入り込みがあり、みな長逗留なので、災難があったときに都合よくするためである。

宿の賄いは、朝は茶漬け、昼夜は一汁一菜である。ただし一泊の客は旅籠にて賄う。これにより、宿は手数を省いて落ち度を少なくし、客は費用を節約して長逗留するに都合がよい。もし金を惜しまないなら、宿に頼んで料理をさせるか割烹店に頼めばよい。蒲団や蚊帳は宿より貸す。座敷は一組に一室を貸し、入り込みにすることはしない。米・炭・油・醤油・酒・茶などは宿の得意の穀屋が持参するので、必要なものを求めるとよい。費用は通帳に記しておく。

このように客を宿まで案内する独自のやり方は、明治三八年（一九〇五）の『城崎温泉案内記』にもみられるが、一部を要約すれば、若干変化している。

仲間規則の共同的に親切なのは、宿屋専業でない頃の遺風が存しているからである。

宿屋の組合により浴客案内所を町の入り口に設け、その指図の旅館に案内する。多人数の入り込みゆえに手落ちがないようあらかじめ備えおき、初めて来浴した客人の便利を計るためである。その旅館に不親切があるときは遠慮なく申し出れば便を図る。

宿泊料は廉価で、賄い方はみな炊き出し料制である。朝は茶漬け、昼夜は一汁一菜である。ただし一二泊の客は旅籠にて賄う。この規則は不便のようだけれども、待遇を手軽にして、費用が少なく、長い逗留には都合がよい。もし金銭を惜しまない人なら、望み次第で割烹店に注文すればよい。

以上のように、城崎のすべての宿が、その日にいくら米を炊くかを聞いて、客から米をもらって炊き出す方式をとっていた。その後、大正二年（一九一三）の『城崎温泉誌』には、昔時は多く炊き出し料制を採ったが、いまは交通の便とともに短期の客が増加して旅籠制を主とするようになったとあり、この間に滞在の仕組みが変化したことがわかる。また、各旅館は相互に信義を重んじ、共同一致して便を図り、各地でみるような競争の結果から生じる弊害はないという。

図26　城崎温泉の絵はがき（一の湯・二の湯）

城崎の場合、次章で述べるように第二次大戦後まで内湯を認めなかったので、滞在客は六つの共同浴場へ毎日通った（図26）。明治二〇年代には、湯は「入込」「幕湯」「切幕」に区別されていた（『訂正増補　但馬城崎温泉案内記』明治二八年／一八九五）。「入込」は混浴である。「幕湯」は暖簾を張って湯を分け、湯女が世話をしたもので、一日三回行なわれた。「切幕」は一人で湯を買い切るもので、一日二回行なわれ、その間は他人を入れなかった。男女の浴室を区分する改良が進むのは明治三〇年代のことである。

●熱海温泉

明治初期の熱海の年間入浴者数は三万四三六八人で、大湯をはじめ三〇近い源泉が記録されている。かつては、大湯を引いて浴室を備え、旅客を泊めるものを客屋と称し、そうでなければ来浴者を泊めるのを禁じていた。明治二三年（一八九〇）の『熱海鉱泉誌』には、浴室を備えた二五の温泉宿が紹介され、このほかに旅人宿と称するものが一三戸あるとしている。旅人宿の客は川原湯などの共同浴場を利用した。**表7**に示した等級は、温泉取締所が定めたもので、徴収された温泉料は積み立てられて、道路の修繕などの公共費用にあてられた。明治二四年（一八九一）の『熱海温泉案内』に記載された滞在の仕組みをまとめると次のようになる。

温泉宿に滞在する間は、座敷・寝具・食器などは宿より貸すけれど、食事の調え方は客人の好みに任せる。第一を「自賄」といい、客人自らが食物を調理するか、下女を雇って調えさせるものである。下女を雇うときは食物を与えて、一週間三〇銭の給料を払う。下女は毎朝来て夕刻まで親切に諸事を弁ずる。第二を「伺い」といい、客舎より三度三度調理すべき食物を客人に伺って調えるものである。食べ物に好き嫌いのある人や身体に悪い食べ物がある人は、面倒と費用のかさむ恐れがあるけれど、この二つのうちから選ばねばならない。料理に必要なものを自身で街より購入することになるが、面倒な人は客舎に備えたものを用いればよい。第三は「宿賄い」といい、一日の賄い料を定めて、客舎が適宜に食物を調えるものである。これに

表7　源泉別にみた熱海の温泉宿の等級

	明治23年(1890)		明治30年(1897)	
	大湯	その他	大湯	その他
一等	4	0	5	0
二等	3	1	3	1
三等	1	1	0	1
四等	3	2	4	5
五等	1	9	0	7
六等			0	3
計	12	13	12	17

『熱海鉱泉誌』・『熱海錦嚢』より作成

図27　熱海温泉の大湯周辺の景観

萬屋平次郎「皇国第一等之温泉豆州熱海全図」明治21年（1888）より

よれば、座敷料・寝具料・温泉料・炭油料や三度の食事ともすべてを客舎にて賄う。

このように設備の整った熱海の温泉宿でも自炊が可能であった。その温泉宿は大湯を中心に発達し、温泉保護の見地からも、その湯を引く権利をもつ宿が独占的な支配を続けていた。**図27**には、自噴する大湯の近くに富士屋（図中では藤屋と表記）・相模屋・真誠社の一等温泉宿がみえる。大湯横の噏瀛館《きゅうき》は岩倉具視の治療のために計画された療養センターで、開業は明治一八年（一八八五）である。大湯が噴出するたびに蒸気を導き、それを吸入する装置が設けられていた。図27の下部には、洋式の樋口ホテルの建物も描かれている。なお、読売新聞に尾崎紅葉の『金色夜叉』の連載が始まったのは、明治三〇年（一八九七）のことで、これがベストセラーになって、熱海の知名度が大いに高まることになる。

コラム2 温泉地の鳥瞰図

近年、鳥瞰図に対する関心が高い。それは地図では困難なパノラマを眺める楽しみが得られるからであろう。なかでも、大正昭和初期に活躍した吉田初三郎の作品がよく知られている（『別冊太陽　大正・昭和の鳥瞰図絵師　吉田初三郎のパノラマ地図』二〇〇二年）。このような風景画と地図が融合した鳥瞰図は、一八世紀から一九世紀、スケールを重視した地図作製技術の進展を背景に、西洋画の遠近法を取り入れて描かれるようになった。そこでは、単一の視座から見た透視図法による表現だけでなく、架空の複数の視点を設定して、広い空間の地誌的事実を公平に伝える工夫がみられた。すなわち、絵師たちは、地誌的情報を、美しく楽しい形で提供しようとしていたのである（矢守一彦『古地図と風景』一九八四年）。

鳥瞰図は、眺めて楽しく、地理的な位置とその場所の景観を視覚的に伝えてくれる。しかしながら、鳥瞰図は現実の景観をすべて写したものではない。そこに描写されているのは、絵師や制作者によって選択されたものである。そこには、どのような意図が込められていたのであろうか。

温泉地の鳥瞰図の場合、それは土産として販売されており、入湯の記念品になるとともに、温泉の案内と宣伝を兼ねたものであった。各地で鳥瞰図が確認できるが、とくに出版点数が多いのは、熱海と草津のものである。これらの図のほとんどには、その周辺部分に温泉分析表・効能・交通などの情報が掲載されている。図の描写内容をみると、熱海では、明治一〇年代の鳥瞰図においても温泉宿が文字注記で示されているが、草津では、それが示されるようになるのは明治三〇年代後半のことである。それ以前は、二〇近くある共同浴場と社寺・山・名所に文字注記があるのみであった（コラム1 **図16**参照）。草津では、それだけ共同浴場のもつ地位の高かったことが反映されていよう。

図28の発行者である山田治衛門は、この図だけでなく、明治四〇年（一九〇七）に伊香保・那須・塩原、明治四二年（一九〇九）に草津、明治四三年（一九一〇）に四万の鳥瞰図を刊行している。その住所は「東京市神田区末広町」となっており、東京の業者によって各地の図が作成されていたことが理解できる。一方、**図29**の画作兼発行者である萩原秋水は、中之条町で吾妻印刷株式会社を創立した人物で、草津の案内書や四万の鳥瞰図を手がけている。

図28をみると、湯畑の周辺には、三階建ての旅館が建ち並び、白旗の湯・熱の湯・脚気の湯・綿の湯・松の湯・大滝の湯といった浴場が集中していることがわかる。このうち旗の立っている白旗の湯・

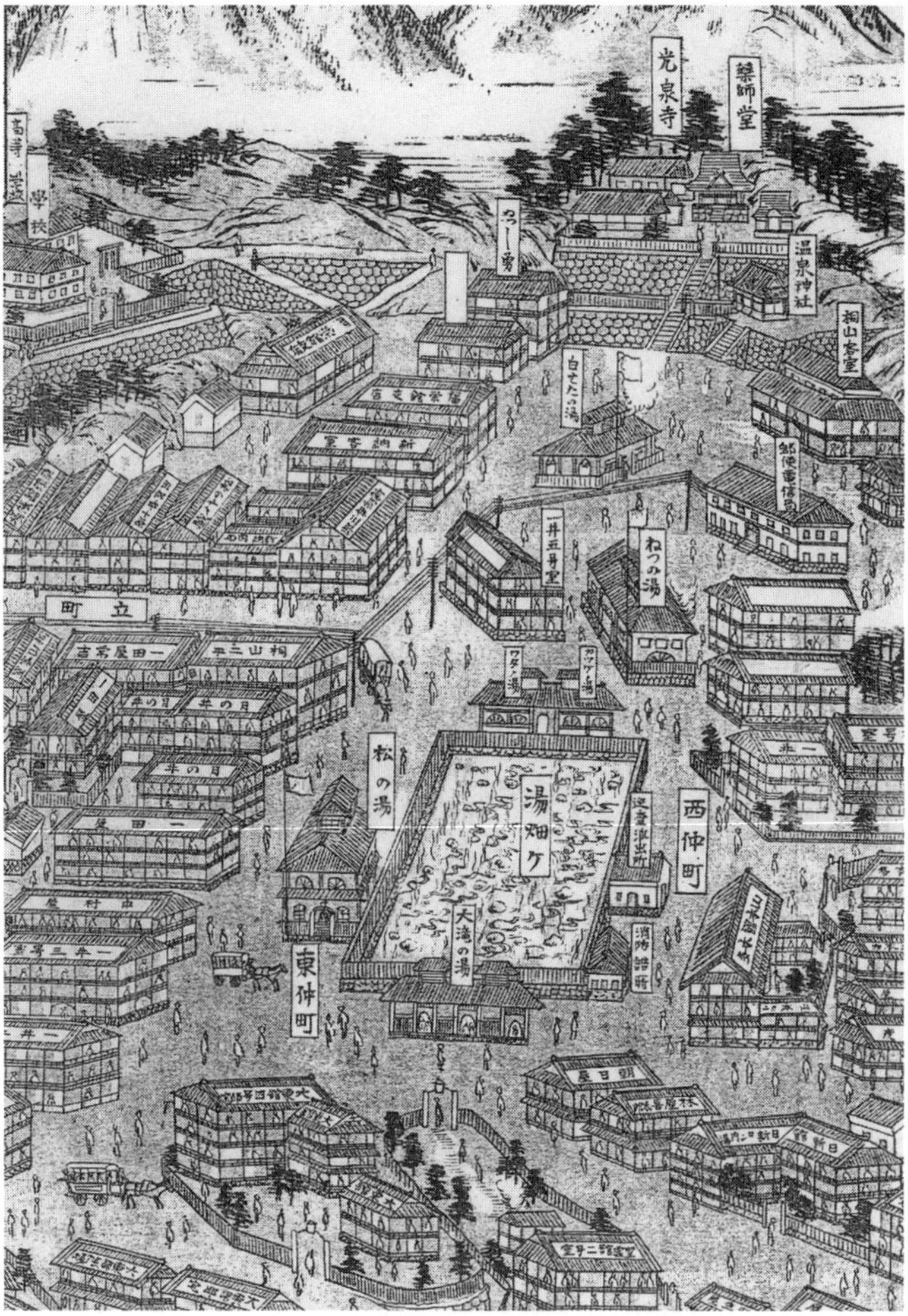

図28　明治後期の草津温泉の中心部

山田治衛門・一田屋常吉「上州草津温泉場略図」明治38年（1905）より

図29　大正期の草津温泉の中心部
萩原秋水「上州草津温泉真景図」大正９年（1920）より

熱の湯・松の湯では、時間湯が行なわれていた（コラム1　**図15**参照）。また郵便電信局からは電信線が伸びており、馬車の図像も認められる。草津において電信の取り扱いが開始されたのは明治三〇年（一八九七）で、その頃、馬車の通行も始まった（『草津町史』一九二八年）。

図29では、湯畑に接していた脚気の湯と綿の湯の浴場がみえなくなっている。これは内湯を備えた旅館が増加し、湯畑周辺では、時間湯以外の一般共同浴場の需要が小さくなったためと思われる。そして温泉街には電線が張り巡らされていることがわかる。草津に電灯が点いたのは、草津水力電気株式会社の開業した大正八年（一九一九）のことで、それまで使われていたランプは土蔵の隅に片づけられるか、農村に余命を委ねることになった（『草津町史』一九二八年）。もう一つ、注目したいのは自動車の図像である。大正八年に草津軽便鉄道が嬬恋まで開通し、草津への道路の改修が行なわれると、嬬恋・草津間の自動車営業は大いに活況を呈したのである。

このように、旅館・共同浴場・社寺・公共施設などの建物だけでなく、馬車・自動車や電線網といった近代化を象徴する図像が鳥瞰図のなかに描かれている。こうした描写は、草津の他の鳥瞰図や他地域の図でも認められる。今日からすれば、電線・電柱は、景観を阻害する要因として扱われることが多いが、むしろ当時は電灯導入のシンボルとして積極的に書き込まれていたと考えられる。

前掲の二つの図では建物の描写が類型的であったが、ここで、温泉街を精緻に描いている鳥瞰図の例をとりあげたい。**図30**の著者兼発行者は、熱海温泉場取締所である。初版は大正三年（一九一四）、この四版では、熱海線（のちの東海道本線）の熱海停車場が図中に書き込まれている。付図の交通略図で

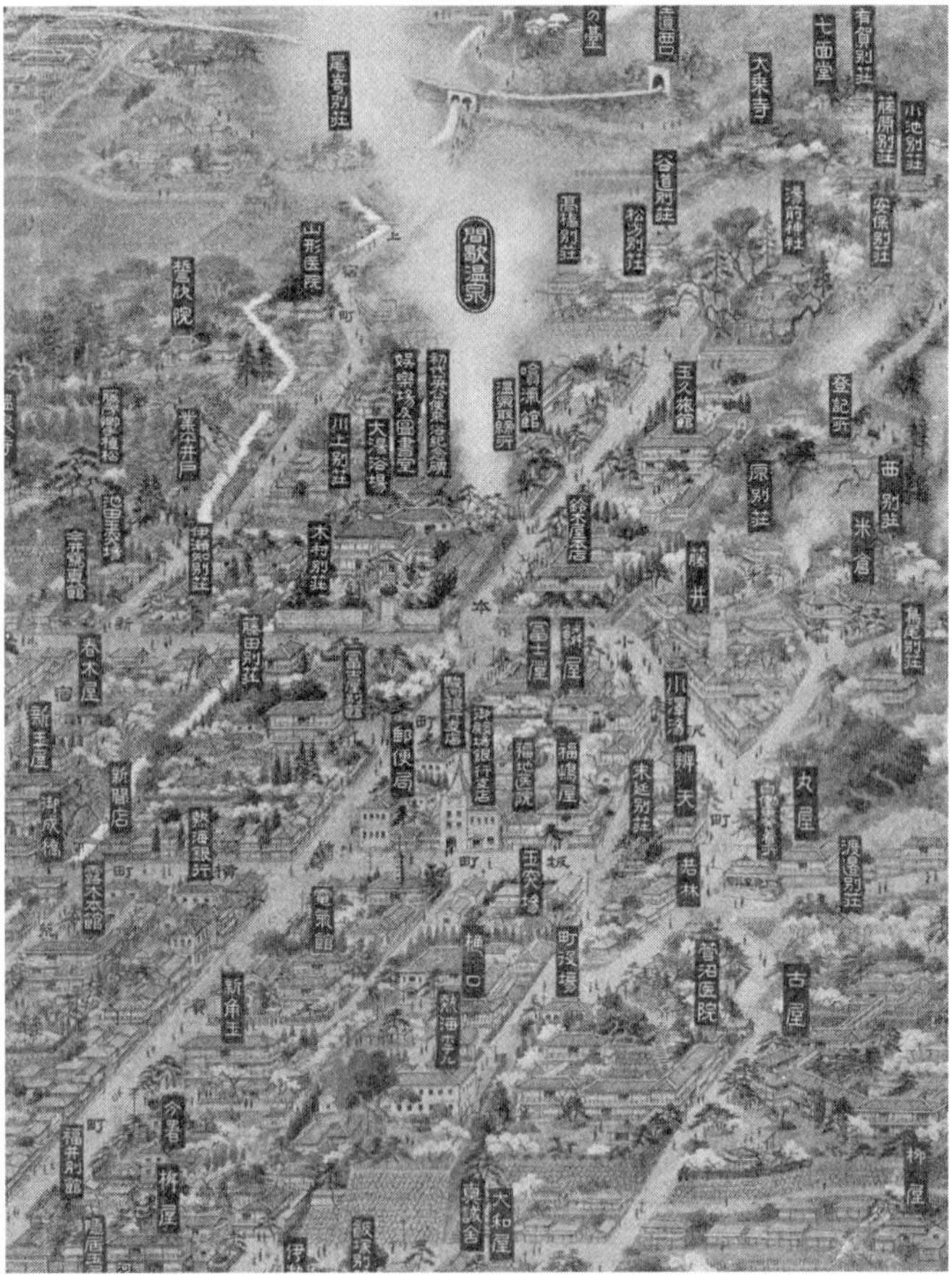

図30　大正期の熱海温泉の中心部

熱海温泉場取締所「訂正　伊豆熱海温泉場全景　四版」大正12年（1923）より

は、開業区間は真鶴までで、その先は工事中と明記されており、鳥瞰図のなかでのみ、大正一四年（一九二五）開業の熱海駅を先取りしている。

図30には大湯周辺の部分を示した。大湯の間歇泉は熱海温泉のシンボルといえる存在であり、一日六回ほど、熱湯と蒸気を噴出していた。図中でも湯煙が大きく描かれている。ところが、明治三〇年代に泉源の新規掘削がすすむと、大湯の噴出は減少を続け、大湯の権利をもつ旅館業者と泉源開発を望む業者とのあいだで紛争が起きた。当初は大湯派の主張により新泉源の埋め立ても行なわれたが、その閉鎖に見合うだけの大湯の湧出量の回復は得られなかった。そのため大正一二年（一九二三）以後は、静岡県も新規掘削を認めていく方針に変わった（『熱海市史　下巻』一九六八年）。したがって、この鳥瞰図は、大湯中心の体制が崩れ、熱海駅開業にともない旅館の数と規模が急速に拡大していく直前の姿を示すものといえる。

大湯脇には、浴場・噏滊《きゅうき》館・温泉取締所・娯楽場・図書室が設けられていることがわかる。このほか文字注記は、旅館・商店・医院・郵便局・町役場・銀行・寺社・別荘などに付されており、なかでも別荘の多さが目立つ。これは、間欠泉の右上にみえる松方正義をはじめとする政治家・軍人・実業家などの別荘の存在が熱海のイメージアップにつながると判断されたためであろうか。この後、別荘地の開発は著しく、昭和二年（一九二七）の九一軒から昭和一〇年（一九三五）には五三〇軒と急増するのである（『熱海歴史年表』一九九七年）。

3　温泉旅行の大衆化

鉄道の発達によって、人々が安全に早く移動できるようになったことで、温泉は観光旅行の宿泊拠点として急速に発展する。ここでは、大正期にかけて鉄道旅行が一般化していく様相と温泉地の変化を描きたい。

1　鉄道旅行の普及

●鉄道網と旅客輸送量

鉄道の敷設は明治五年（一八七二）の新橋・横浜間の開業に始まり、明治二二年（一八八九）に新橋・神戸間、明治二四年（一八九一）に上野・青森間、明治二九年（一八九六）に門司・八代間、

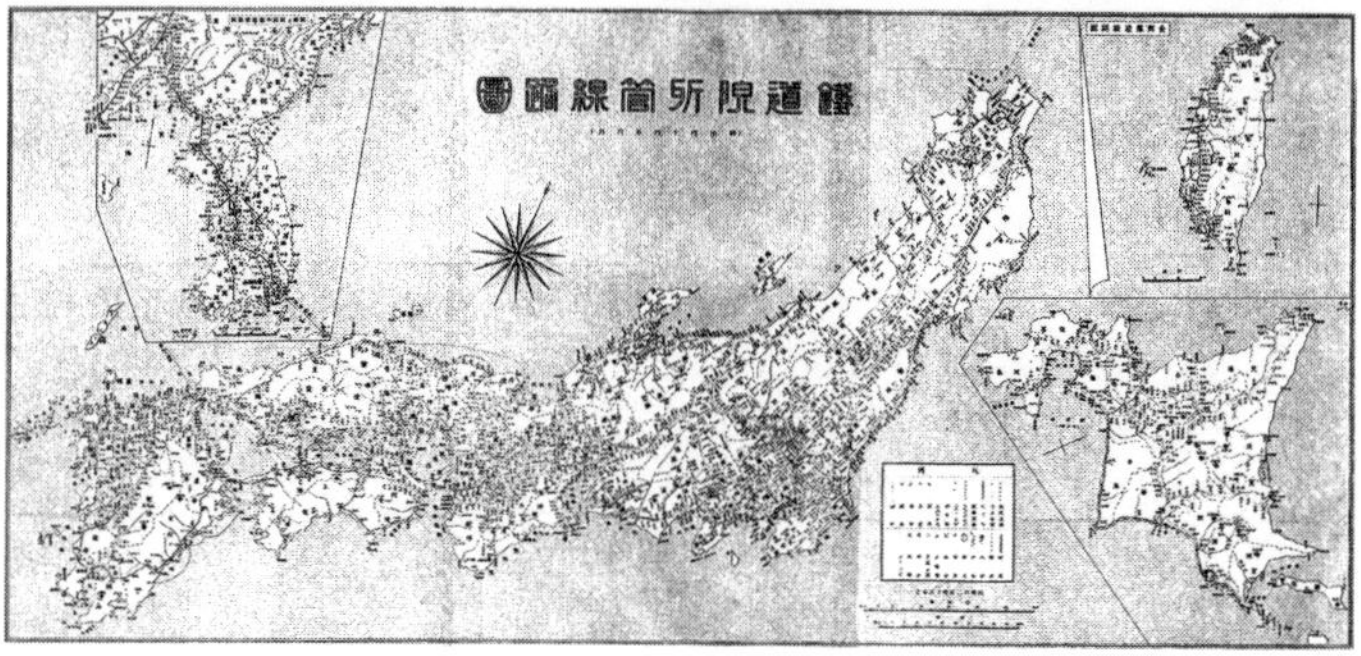

図31　明治44年（1911）の鉄道路線図
鉄道院編纂『鉄道院線沿道遊覧地案内』の付図

明治三四年（一九〇一）に神戸・下関間がそれぞれ全線開通した。さらに、明治後期にかけて全国的な鉄道網が形成されていく。

図31は、明治四四年（一九一一）の「鉄道院所管線路図」である。原図では、鉄道院既設線が朱色で、院外線が黒色で示されており、このほか院線未成線・院線航路・私船連帯航路・国道などが描かれている。大きく縮小しているので、掲載図では細部まで読み取ることはできないが、北海道では留萌・名寄・陸別・網走、九州では長崎・西大分・鹿児島の各駅までが既設となっている。この時点では、北海道の北部や東部、東北の日本海沿岸、紀伊半島南部、山陰西部、四国南部、九州東部などが鉄道の空白区域となっている。他方で、東京・阪神・北九州を中心とした地域では、鉄道網の密度が高い。ちなみに、この地図には県境ではなく、国境が描かれており、旧国名が用いられている。教育用の地図ではないので、この旅行案内図では、依然として旧国名のほうが読者にとって親しみやすいと判断した

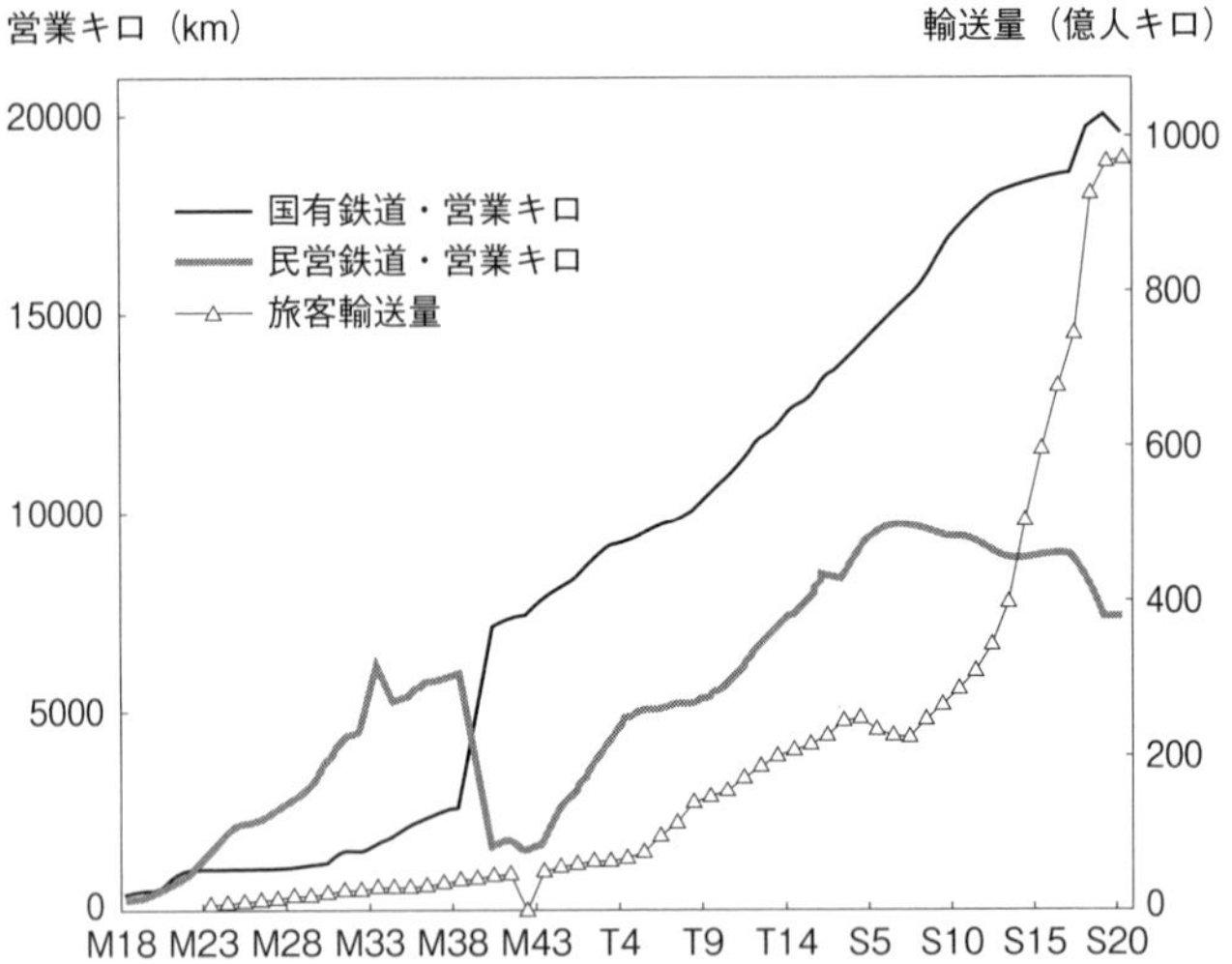

図32　鉄道の営業キロ数と旅客輸送量の推移
明治42年の旅客輸送量はデータ欠
『日本長期統計総覧』第2巻より作成

のであろう。

図32でわかるように、明治中期には、政府の建設資金の不足もあって、民営鉄道の営業キロのほうが大きく、路線の伸張のテンポも速かった。その後、明治三九年（一九〇六）に鉄道国有法が公布され、全国の幹線鉄道の統一のため、主要な民営鉄道が国有化された。その後の各地の民営鉄道は、局地的な交通機関としての役目を担うことになったが、昭和恐慌による不況や自動車輸送の発達によって、鉄道経営は悪化した。民営鉄道の営業キロは、戦時体制のもと二〇社余りが国有化されたこともあり、昭和七年（一九三二）をピークに減少した。それに対し、国有

鉄道は距離を伸ばし、昭和一九年（一九四四）には二万キロメートルに達している。

このように長距離輸送を担う幹線路線は、国有鉄道として整備・経営されたが、営業キロと比べて旅客輸送量の伸びはやや遅れている。旅客輸送人キロは、大正四年（一九一五）には六八億であったが、大正九年（一九二〇）一四七億、大正一一年（一九二二年）二〇九億、昭和四年（一九二九）二四九億と推移した。第一次世界大戦がもたらした好景気を背景に、昭和恐慌前までが旅客輸送量増加の一つの画期となっており、鉄道による人の移動が普及した時期といえよう。

●汽車利用の心得

鉄道院によって『鉄道院線沿道遊覧地案内』が出版される以前にも、さまざまな『漫遊案内』や『旅行案内』の存在を確認できる。こうした出版物が目立つようになるのは明治三〇年代である。五井信は、この時代の旅の特質を、ガイドブックを持って出かけ、各地でさまざまなことを学ぶ読者／旅人の姿にみることができるという（「書を持て、旅に出よう」二〇〇〇年）。

金尾文淵堂が明治三四年（一九〇一）に発行した『避暑漫遊旅行案内』でも、汽車の中や宿へ着いてから退屈しないよう書籍を用意しておき、旅行のかたわら勉強することを勧め、入浴と食事を済ましたら、市中を散歩して、帰ってから日記を書くという順序にするのがよいと述べる。そして、国家が強く盛んになる前には、旅行思想の高まりがあったと指摘し、西欧諸国では「上は王侯の貴きから下は田夫の賤きに至るまで」どこかへ旅行し、精神を慰め身体を丈夫にするとともに、新しい知識を得ることにつとめているという。

本書の巻頭には「汽車の乗客」と題する一文が掲載されている（原文は「国民新聞」所載）。

明治三二年度に於る乗客総数一億二百二十六万人にして、人口の二倍と出づ。されば鉄道生活は、既に我が国民の生活の幾分を占む可きや当然のみ。詳言すれば其の多少の差異こそあれ、何人も一年若くは一生の幾時間を、汽車旅行に暮らさゞるものなきの姿となりぬ。

こうして、汽車旅行は生活の一部になろうとしているとして、便利に愉快に高尚に過ごすための提案がなされる。まずは、切符を買ってプラットフォームに進むまでの混雑を指摘し、乗客相互が秩序を守るべきことを説く。また、座席を占拠する、タバコの灰を他人の衣服に落とす、猥談を声高にしゃべるなど、車内で他人に迷惑をかける行為が少なくないことを嘆き、礼節を正しくし、行儀をよくし、自他の都合を計ることを求めている。

文淵堂編輯《しゅう》局編「旅行の勧め」では、いまでは何処へ行くにも厄介にならねばならないのは汽車と汽船であり、まずはこれに関する注意が必要という。要点をまとめると、一．乗り遅れないよう時計を正確にしておくこと、二．切符の代金を支度しておくこと、三．十分停車していない汽車に飛び乗らないこと、四．のんびりしすぎて列車に座席がなくなって、立ち往生することのないよう気をつけること、五．運転中に乗り降りしたり、昇降口を開けたりしないこと、六．切符をもたずに乗車すると割増料金をとられること、七・停車場以外で停車しているときに下車しないこと、八・使用前の切符は買い換えや払い戻しができること、九・列車の遅延で乗り継ぎができなかったときの対処、一〇・手荷物の依頼は出発五分前までに手続きすること、の一〇点である。常識と思える注意点が列記されていること自体、明治三〇年代には鉄道旅行がまだ一部の限られた人のものであったことをあらわしていよう。

●保養旅行と健康増進

第一次世界大戦後、政府は保健衛生に関する施策を急速に充実させていった。欧米との比較で、日本人の体格の悪さや死亡率の高さなどが指摘され、欧米と競争していく日本にとって、健康・体育の改善が緊急課題とされていた（黒田勇『ラジオ体操の誕生』一九九九年）。また、体育振興の陰には、国家衛生システムの構築、そして軍事的な強国への視線が見られ、第一次世界大戦後の軍縮を契機に、次の戦争に備えて、体力と精神の発揚に関心が集中されていったという（小野芳郎『〈清潔〉の近代』一九九七年）。そのような論調を旅行と結びつけて展開している例として、大正一一年（一九二二）の野球界増刊号『日本全国避暑旅行案内』の巻頭文をみたい。

国民の体育向上、国民精神の美的陶冶の目的を貫徹せしむるの一法は、国民に旅行趣味を鼓吹するにある。欧米人は、寸暇を利用して、一家打ち揃うて、遠足もすれば旅行もする。我が国民も、欧米人の如く寸暇を、利用して、一家打ち揃うて、愉快なる遠足、楽しき旅行を試みるやうにならなければならぬ。

旅行は、体力を向上せしめ、同時に精神を美的陶冶し、合せて、知識を広くすると云ふ効果がある。社会生活が複雑になればなる程精神に慰安を与へるの途を講じなければならぬ。旅行をして、山川自然の風景に接すること程、精神に慰安を与へるものは、他に其比を見ないのである。世の中が、文明的に進めば、進むに随つて、保養的旅行が、必要になつてくるのである。（横井鶴城「最新旅行の心得」）

本書では、京都・鎌倉などの古蹟や、自然の景勝地、海水浴場、温泉地などが案内されており、巻頭文では、欧米をモデルとする家族旅行を奨励している。汽車の利用についても、三等は常に満員であるので、家族がバラバラに乗車することを避けるには、二等を利用すべきであるという。

この時期、都市人口は急速に増加を続けており、疫病の蔓延・大気汚染・水質汚濁などの問題が顕在化しつつあった。不衛生な都市から離れて、体力の向上と精神の慰安を図るため、家族揃って自然に接する保養的旅行の必要性を説いたのである。

第1章で述べたように、大正期には全国の温泉地を一冊にまとめた大衆向けガイドブックが数多く出版されている。それらのタイトルの多くには「保養遊覧」とあり、このような情報をもとに、保養や遊覧の旅行目的地として、とくに夏季には避暑を兼ねて、温泉を訪れる人が増加していくことになる。

2　大正期の入浴客数ランキング

●入浴客の規模

ここでは、大正一二年（一九二三）の『全国温泉鉱泉ニ関スル調査』（以下『調査』と略記）によって、大正期までの入浴客数の変化を明らかにしたい。この報告書には、全国九四六か所の温泉が記載され、入浴客数は明治四四年（一九一一）から大正九年（一九二〇）の一〇年間の平均がとられている。ただし、新設のものは単年または数年の数値である。また、一部で大正九年から一〇年間といった記載がみられるが、刊行年を考えれば、これは明らかに誤記であろう。

大正期における年間入浴客の全国合計は一六八一万人で、明治初期の三七〇万人と比べると四・五倍となっている。そこでまず、全国の温泉地の入浴客数がどのように変化したのかを、**図33**によってみておきたい。この図は、各地の温泉地を入浴客数の多い順に並べて、縦軸を対数にして示したものである。年間一〇万人以上の温泉地は明治初期の二か所から三一か所に、一万人以上は八二か所から二五二か所に、三〇〇〇人以上は一八八か所から四四六か所に増加した。この図からは、順位が下位の温泉地において、入浴客の伸び率が大きくなっていることがわかる。こうして外来の入浴客を迎えるため、全国的に温泉地の施設の整備が進んでいった。

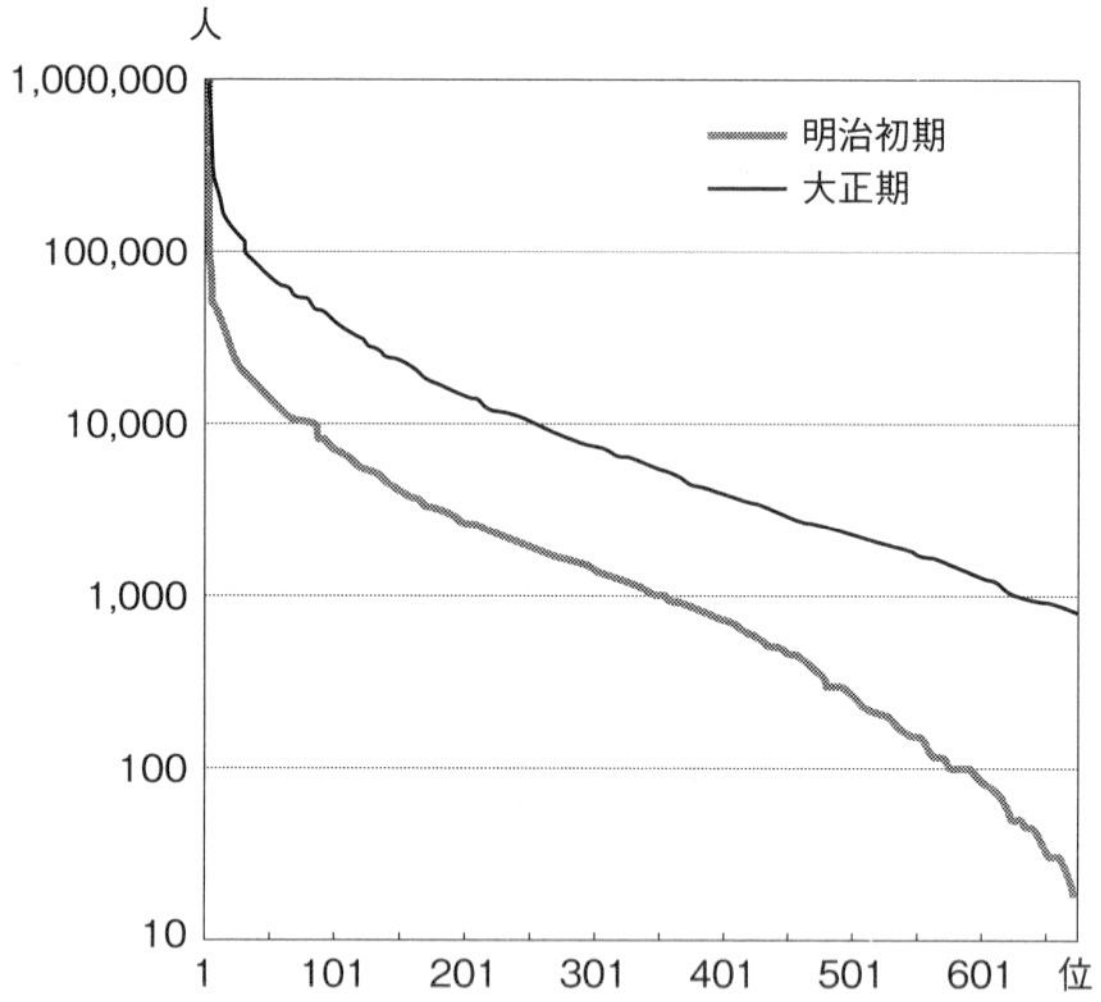

図33　年間入浴客数の順位規模の変化
『日本鉱泉誌』・『全国温泉鉱泉ニ関スル調査』より作成

次に、年間の入浴客数が八万人を上回る温泉を**表8**に示した。この数値は一日あたりに換算すると約二二〇人となる。表をみると、明治初期に上位にあった温泉地が入浴客数を何倍にも増やしてその地位を保っている一方で、城端ラジウム・宝塚のように新興の温泉地が一気にランクインしていることがわかる。開発の新しさという点では、北海道の湯ノ川と登別がいずれも一〇万人を超えていることも注目される。以下では一〇位までの温泉地の状況を概観していく。

●道後温泉

一位は、明治初期と同じ道後温泉である。ただし、増加率は他の上位の温泉地

表8　大正期における入浴客数の多い温泉地

名　称		所在地	入浴客数	男女比
1	道後温泉	愛媛県松山市	1,030,237	1.42
2	城崎温泉	兵庫県豊岡市	1,007,175	1.86
3	別府温泉	大分県別府市	778,799	1.44
4	山鹿温泉	熊本県山鹿市	683,220	1.19
5	武雄温泉	佐賀県武雄市	433,371	1.35
6	山口町湯田温泉	山口県山口市	306,340	0.94
7	城端ラジウム鉱泉	富山県南砺市	260,411	1.17
8	湯村温鉱泉	兵庫県新温泉町	255,172	1.50
9	食塩亜兒加里性炭酸泉(宝塚)	兵庫県宝塚市	231,773	1.09
10	伊香保温泉	群馬県渋川市	227,064	1.02
11	湊山温泉	兵庫県神戸市	199,916	1.09
12	湯原温泉	岡山県真庭市	197,747	2.33
13	熱海温泉	静岡県熱海市	165,085	1.72
14	吉方温泉	鳥取県鳥取市	164,050	1.06
15	日奈久温泉	熊本県八代市	163,919	1.24
16	鯉ノ湯(熊入)	熊本県山鹿市	157,500	1.13
17	伊作温泉(吹上)	鹿児島県日置市	145,568	0.58
18	温海温泉	山形県鶴岡市	143,442	0.76
19	山中温泉	石川県加賀市	140,194	1.50
20	塩原温泉	栃木県那須塩原市	139,138	1.10
21	第二芳乃湯	山梨県甲府市	133,099	1.05
22	鶴脛温泉(上山)	山形県上山市	128,408	1.25
23	鳴子温泉	宮城県大崎市	127,536	1.13
24	鷺温泉(湯郷)	岡山県美作市	123,090	1.75
25	湯ノ川温泉	北海道函館市	121,000	1.37
26	那須温泉	栃木県那須町	119,541	1.33
27	修善寺温泉	静岡県伊豆市	118,036	1.34
28	浅間温泉	長野県松本市	113,955	0.95
29	岩崎温泉	鹿児島県鹿児島市	113,566	0.83
30	登別温泉	北海道登別市	111,806	1.00
31	奥津温泉	岡山県鏡野町	104,553	1.34
32	鉄輪温泉	大分県別府市	96,204	1.69
33	伊東温泉	静岡県伊東市	94,836	3.27
34	和倉温泉	石川県七尾市	94,067	2.51

35	松ヶ崎浜鉱泉	新潟県新潟市	89,028	0.82
36	湯河原温泉	神奈川県湯河原町	85,803	2.29
37	竹迫湯	鹿児島県鹿児島市	85,450	1.09
38	岩下温泉	山梨県山梨市	85,447	1.76
39	山代温泉	石川県加賀市	85,425	1.41
40	酸湯温泉	青森県青森市	82,980	1.30
41	粟津温泉	石川県小松市	81,006	2.07

入浴客数は明治44年（1911）～大正９年（1920）の10年間の平均。ただし新設のものは単年または数年の数値がとられている。男女比＝男性客 ÷ 女性客。
『全国温泉鉱泉ニ関スル調査』より作成。

と比べると小さい。明治四四年（一九一一）には、伊予鉄道が電化され、さらに松山電気軌道も開業し、道後への旅客輸送を競い合うようになった（図34）。『調査』の交通関係の項には、京阪・中国・九州地方よりの入浴客は汽船の便により高浜に上陸し、それより汽車・電車・自動車・人力車によって温泉地にいたるとある。当時の浴室は五区一〇区画（皇族用の又新殿、霊の湯二、神の湯三、養生湯二、松湯二）であった。大正期の入浴料をみると、霊の湯一等二〇銭・二等一〇銭・幕湯（買切湯）一時間四人以下二円、神の湯一等一五銭・二等一〇銭・三等五銭・幕湯一時間六人以下三円、養生湯一銭というように幅広い（『保養遊覧日本温泉案内』大正八年／一九一九）。

大正一一年（一九二二）の『療養本位温泉案内』に「滞在客には木賃制も自炊制もあって、倹贅自由である。古来有名な湯治場であるとともに、松山人士の遊び場で、町の中に遊郭が在る位だから頗《すこ》ぶる恩柔気分に饒《ゆた》か」とあるように、道後は花街でありながら、湯治場の要素も残していた。おもに瀬戸内の島嶼部から来る農民・漁民

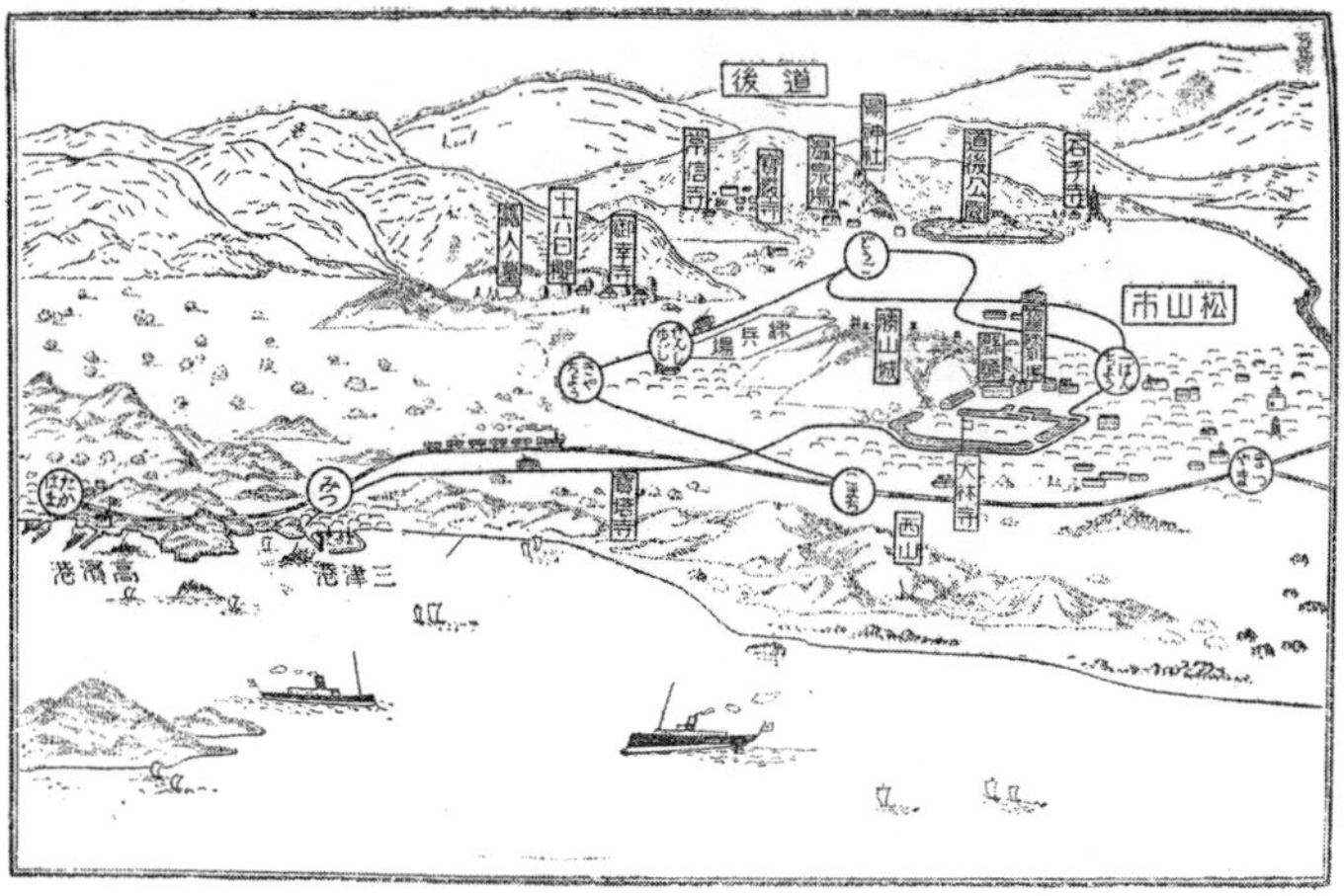

図34　道後温泉への交通案内図　大正9年（1920）『温泉案内』より

たちは、一切の食料品や炊事道具まで携帯してくるので「味噌桶湯治」と呼ばれ、なじみの木賃宿に二、三週間泊まり、一銭の湯札と手ぬぐいをぶら下げて、一日に三度も四度も養生湯に通ったという（『道後温泉増補版』一九八二年）。

温泉の経営は道後湯之町にあり、大正三年（一九一四）町民用に新湯が増設された。さらに大正一一年（一九二二）には松湯を廃して西湯・砂湯が建設され、それぞれ男女二室が設けられたので、浴室は合わせて一四区画となった。浴室の増設は、入浴客の急増を受けたものだが、そのためには湯量を増やすことが課題となっていた。そこで、神の湯の泉源を改良してポンプによって汲み上げることになり、大正三年より実施された。その後も泉源開発が試みられるが、道後の旅館に内湯がつくられるのは、十分な湧出量をもつ新たな泉源の掘削に成功した昭和三一年（一九五六）のこ

図35　城崎温泉の町並み
The mineral springs of Japan.（大正 4 年/1915）より

とである（『道後温泉　増補版』一九八二年）。そのため「湧出量の貧弱なること、従って旅館に内湯のないこと、徒《いたずら》に雑踏して病人の静養に適せぬこと」が欠点と指摘されていた（『療養本位温泉案内』大正一一年／一九二二）。

●城崎温泉

二位の城崎温泉の入浴客数は、明治初期には一万二六九六人であったので、約八〇倍の伸びを示したことになる。『調査』の施設概要には、町内六か所に共同浴場を設け、内湯の施設なく、宿屋七九戸ありと記されている（**図35**）。

城崎の発展をもたらしたのは、明治四二年（一九〇九）九月の山陰線城崎駅の開業である。それ以降、京阪神の上客を迎えるために、源泉・浴場の管理運営を担う湯島財産区は、従来の浴場を明治四三年（一九一〇）から順次改築した。大正二年（一九一三）の『城崎温泉誌』には、一の湯（特等四漕・上等四漕・並湯四漕）、御所の湯（特等二漕・上等四漕・並湯四漕）、曼陀羅の湯（上等二灌・並湯四灌）、地蔵湯（上等二灌・並湯四灌）、鴻の湯（二灌）、柳湯（二灌）があり、従来の一九灌から三八灌となり、別に病湯一か所を増設したと記す。

田山花袋は「温泉場としては、決して落附いた感じのするところではない。土地が猫の額のやうに狭いのに、あたりがゴタゴタして、浴舎が浴舎と庇を並べてゐるさまは、いかにも上方式である。……何の旅舎にも内湯がなく、旅客は皆な手拭を持つて、湯銭を払つて、そして、橋の向うにある共同浴槽へと入つて行くのであつた。……道後にある共同浴槽のやうに、あれほど階級のある違つた浴槽はなかつたけれど、単に大きさとか立派さとかから言へば、無論、是はかれに勝つてゐると言つて好い」と述べている（『温泉めぐり』大正七年／一九一八）。

このように共同浴場を中心に発展してきた城崎であるが、昭和二年（一九二七）に有力旅館が内湯設置のための建築許可申請を行なったことに対し、町民による反対運動が起こり、町政を巻き込んだ紛争が生じた（『城崎町史』一九八八年）。裁判上の争いは戦後も続き、昭和二五年（一九五〇）に和解にいたっている。内湯の設置を認めると乱掘により源泉の枯渇を招く恐れがあること、内湯をもてない中小旅館の経営が困難になること、客の外出が減ると土産物店・料理店などの経営に影響が及ぶことが内湯反対のおもな理由であった。

●別府温泉

明治初期には別府（浜脇を含む）の入浴客数は二万人強であったが、大正期には七八万人近くまで急増した。近隣の温泉地でも、鉄輪《かんなわ》九万六二〇四人、観海寺二万七三〇九人、亀川二万七二三六人、明礬一万八八五三人、堀田六二七五人の入浴客を数えている。『調査』の交通関係には、海陸とも交通最も至便、鉄道は九州線・豊州線により温泉場にいたる、海上では大阪商船航路により阪神・中国・四国・宮崎方面と連絡、同会社はとくに別府遊覧者のため新造した汽船をもって四日ごとに大阪・別府間を往復するとある。

別府では、明治中期以降、人工掘削により内湯を備えた旅館が大きく増加した。『調査』には、一一七五個の湧出口があると記す。別府町と浜脇町は明治三九年（一九〇六）に合併し、明治四四年（一九一一）の温泉課の新設により、温泉の管理や宣伝に力を注いでいく。また大正九年（一九二〇）には、別府港の北側と南側で埋め立て工事が行なわれ、新しい旅館街が形成された。別府では共同浴場の多くが無料で利用でき、大正二年（一九一三）から大正一〇年（一九二一）には、竹瓦温泉・楠温泉・霊潮泉・田の湯温泉・不老泉といった町営浴場が相次いで改築されている（『別府市誌』一九八五年）。このほか海岸の砂湯が別府名物として知られていた（**図36**）。

別府の旅館には、三度の食事が付く旅籠と、副食物を自分で用意する木賃とがあった。大正四年（一九一五）の『通俗別府温泉案内』では「木賃は別府独特の制度で、其の名を聞くと香具師か馬方宿の様な厭な感じがするが決して賤しい宿ではない、二百五十軒もある宿で木賃をせぬ家は十軒許りしか無い、……真の療養者を経済的に気随に、永逗留が出来る仕組」と説明する。また田山花袋は「こゝでは、旅舎に一日いくらで泊るよりも、木賃制度の方が面白く、またその木賃制度よりは、一軒温泉のついてゐる二間三間位の貸家を浜脇あたりに借りて、そこで一月なり二月なり暮らしてみるのが面白い。何処の家でも、温泉があり、豆腐屋にも、肴屋にも、また旅舎にも銘々泉質の違つた温泉の湧出してゐるなどは、ちよつと他の温泉でも望んで得られぬことであつた」と述べ（『温泉めぐり』大正七年／一九一八）、滞在の仕

図36　別府の市街地と砂湯
「別府名所絵葉書」より

方を選ぶことができ、豊富で多様な温泉の楽しめる別府を高く評価している。

●山鹿温泉

明治初期には三位であった山鹿温泉は、入浴客を七倍に増やして四位に入っている。『調査』には、山鹿温泉へは平坦な道路で自動車・馬車の便がすこぶるよく、鹿本鉄道は当地より一里(約三・九キロメートル)の来民《くたみ》町まで開通とある。山鹿駅まで延長し全線開通したのは、大正一二年(一九二三)である。

大正一五年(一九二六)の『山鹿温泉誌』には、戸数一六〇〇余戸、人口八千余人、宿は五八戸、町内には裁判所・警察署・税務署・郵便電信局があって、郡内第一の都会で、浴場は山鹿町の目貫の場所にあり、周囲には大小の建物が櫛比鱗列し、あたかも集散場内にあるようだと記す。山鹿の入浴料は大正二年(一九一三)には、松の湯三銭、紅葉湯一銭、桜湯五厘であったが、大正一五年には、それぞれ五銭、二銭、一銭となっている。大正一一年(一九二二年)の『療養本位温泉案内』では、「浴客は専ら地方の人だが非常に多い。浴場も清潔で旅館も相当に設備ができてゐる」と施設については評価しているが、欠点として、温泉湧出量の豊富でないこと、内湯のないことをあげている。

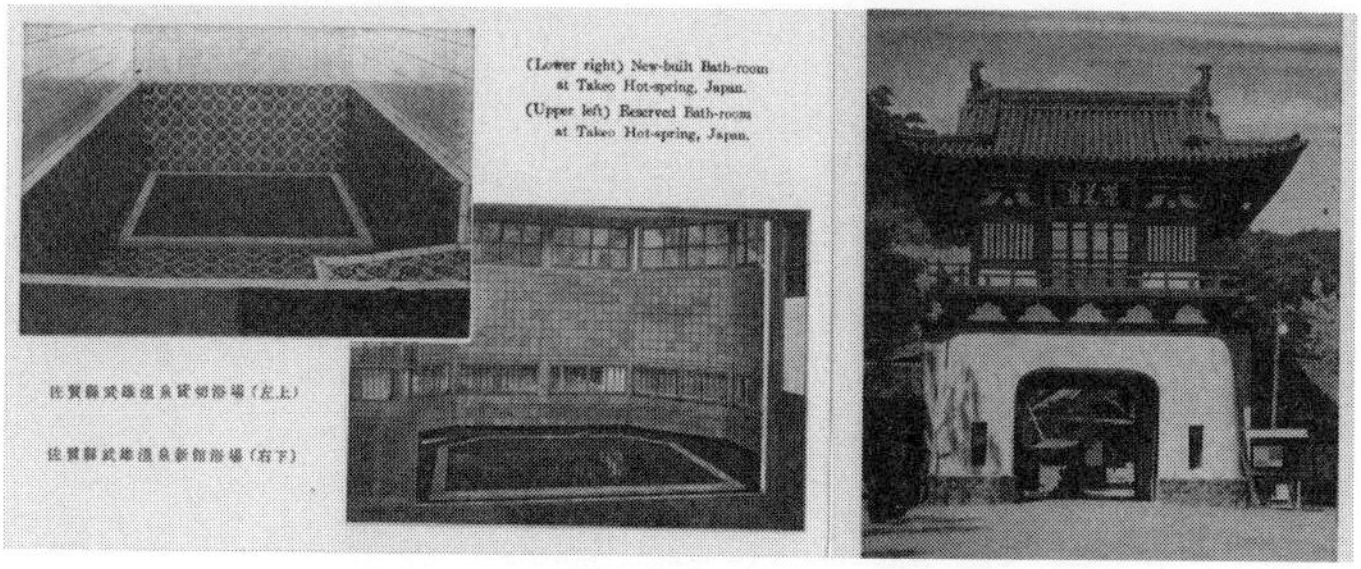

図37　武雄温泉の楼門と新館の浴場　「武雄温泉絵葉書」より

●武雄温泉

明治初期二位の武雄温泉は、入浴客の増加率が五割にとどまり、順位を下げている。『調査』の交通関係には、長崎線武雄駅より温泉場まで一〇丁（約一・一キロメートル）にして自動車・人力車の便があると記す。今日も武雄温泉のシンボルとなっている天平式の楼門は、武雄温泉組合（現武雄温泉株式会社）の依頼によって大正四年（一九一五）に完成した（**図37**）。この設計は日本銀行本店・東京駅などを手がけた辰野金吾によるもので、当初は三つの楼門と売店、蒸し風呂、ビリヤード場、劇場を備えた総合レジャー施設として計画された。しかし、敷地等の問題により、完成したのは楼門一棟、五銭湯二漕・十銭湯二漕・上々湯（貸切湯）六漕の計一〇漕の湯船と休憩所などをもつ新館だけであった（武雄市図書館・歴史資料館編『温泉』二〇〇三年）。

楼門の建てられた大正四年には、ラジウムエナマチオン（ラドン）の含有量が日本温泉中の第四位であることが確証されたので、さらに一大発展の機運を有するとの評価が与えられている（『保養遊覧日本温泉案内』大正八年／一九一九）。その一方では、「賑やかな便利な、何一つ不自由のない温泉場であるが……浴客が多くて湯の少いのも不快だし、内湯のないのも物足りない。……新鮮な空気を吸つてゐる田舎の病人が、わざわざ空気の濁つた温泉へやつてくるのも考へものであろう」と、繁華な温泉街ゆえに、療養向きではないとも位置づけられていた（『療養本位温泉案内』大正一一年／一九二二）。

●湯田温泉

湯田温泉の入浴客数は明治初期の四万三七八七人から七倍になっている。温泉の位置する下宇《しもう》野令《のれい》村は、大正四年に山口町と合併し、山口線湯田駅の開業もあって、都市の影響を受けるようになった。その頃には、旅館に料理屋を兼業するものなども増えて、芸妓置屋も七、八軒でき、妓楼も二軒あって嬌声の巷と変貌し始めていた（『山口市史　第一巻』一九五五年）。大正九年（一九二〇）の鉄道院『温泉案内』でも「山口人士の遊楽地」と位置づけられている。

また、大正初めには有志によって温泉組合が組織され、資金の蓄積に努め、この温泉を広く紹介しようと計画された。のちに山口町による試掘で豊富な塩類泉を得ることに成功し、大正一五年（一九二六）の皇太子行啓の際に、この町営の霊湯が宿泊所となったことをきっかけに、温泉経営の強化が図られた。そして、昭和四年（一九二九）には湯田温泉株式会社を設立（二年後に合名会社へ変更）、千人湯・特別湯・家族湯などを備えた浴場の営業が開始された（『山口市史』昭和八

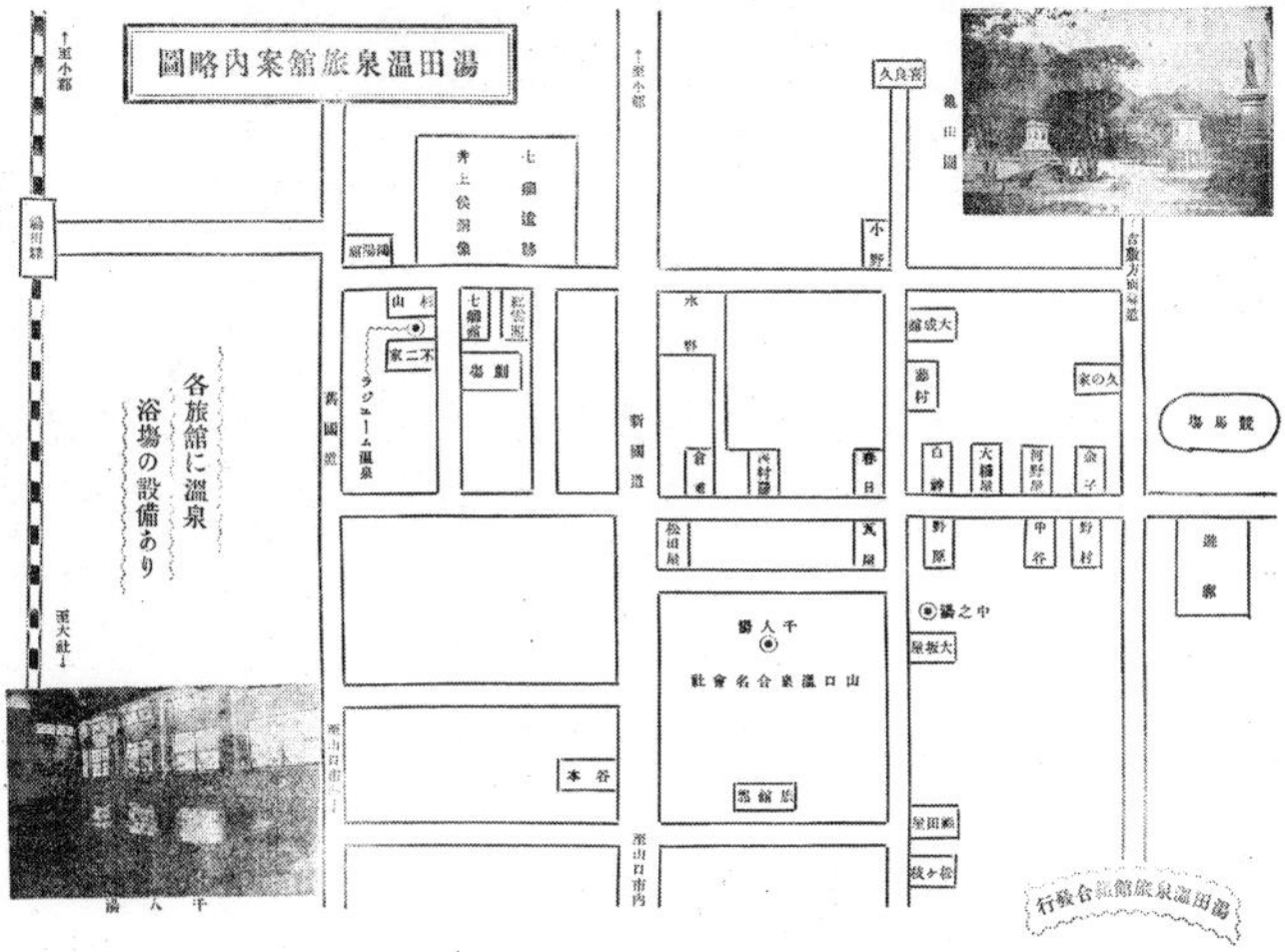

図38　昭和初期の湯田温泉案内図
湯田温泉旅館組合発行のリーフレットより

年／一九三三）。図38には、「各旅館に温泉浴場の設備あり」と、内湯のあることが宣伝されている。

●城端ラジウム鉱泉

城端《じょうはな》ラジウム鉱泉は、『日本鉱泉誌』には記載されていない。ここは、宿屋・料理屋兼業の個人経営による浴場である。鉄道院『温泉案内』には、室数五八、収容人員二五〇人、附近には善徳寺・水月公園・神名社・城南橋・縄池・天柱石など見るべきものが多いとある。また大正一〇年（一九二一）の『春夏秋冬温泉案内』では、筆者（宇根義人）が五箇山中を抜けてこの町に出たとき、商店に行っても宿に投じても、何かものをいうとヤアヤアと気合いでもかけるような返事をされて、すこぶる面食らったとのエピソードが記されている。

昭和五年（一九三〇）の『日本温泉案内　西部

図39　城端ラジウム鉱泉　昭和6年(1931)『温泉案内』より

編』には、城端駅よりわずかに三町（三・三キロメートル）、ラジウム鉱泉と称し、料理旅館部・自動車部等に分かれ、馬場・小劇場・玉突き場の設備もあり、湯治場というよりは、むしろ遊び場といった感じのところである、麦や節（五箇山の民謡）踊りはここでも見られる、と案内する。

●湯村温泉

湯村温泉の入浴客は明治初期の一〇〇〇人から二五万五一七二人と激増している。明治四四年（一九一一）に山陰線浜坂駅が開業すると、駅に案内の看板を建てて、湯村までの道路を整備し、馬車・人力車の運行を本格化させた。『調査』には、浜坂から湯村への二里一八町（九・八キロメートル）の間には自動車三台があって、一時間ごとに往復するとの記載があり、交通の便が著しく改善された。

湯村では成功した城崎を見習い、外来の入湯客を意識して、大正七年（一九一八）浴場新館を完成させた。『調査』には、村営の温泉浴場の面積は九〇坪余で、特等湯（家族湯）・上等湯（男女）・

図40　湯村温泉の荒湯　*The mineral springs of Japan.*（大正4年/1915）より

普通湯（男女）の五つの浴槽を備えているとある。特等湯は四人ぐらい、他の四槽は三〇人が一時に入ることができた。浴場の落成式は村を挙げての祝賀となり、招待客は一九七人に及び、宣伝対策のためか新聞社八社も招かれたという（『温泉町史　第三巻』一九九六年）。*The mineral springs of Japan*には、荒湯と呼ばれる沸騰した温泉は、村びとによって食べ物を茹でるのに使われており、卵は約二分で半熟になるといった記述がみられる（**図40**）。また、この湯で茹でる荒湯豆腐が湯村名物と紹介されている（『温泉案内』大正九年／一九二〇）。

●宝塚温泉

宝塚温泉は『日本鉱泉誌』には「武庫山」とみえるが、地元の人が汲み取って自家用に利用するのみという状況であった。宝塚温泉の開発は、明治三〇年（一八九七）の阪鶴鉄道（現ＪＲ福知山線）の開通により本格化し、武庫川右岸において旧温泉の浴場が整備された。これは株式会社宝塚温泉（前身は宝塚温泉場持主組合）の経営にあり、旅館や商店の建ち並ぶ温泉街が形成された。一方、明治四三年（一九一〇）には箕面有馬電気軌道（現阪急宝塚線）が開業し、その翌年、武庫川左岸に宝塚新温泉が設けられた（『宝塚市史　第三巻』一九七七年）。『調査』の記載内容をみると、旧温泉の施設にしかふれていないので、入浴客数のデータは旧温泉単独のものと考えられる。

大正一一年（一九二二年）の『療養本位温泉案内』は、宝塚温泉の特色を次のように記す。

旧温泉は炭酸泉、新温泉はラジウム泉といふことであるが、元来此処は朝から晩まで商売の掛引や二一天作五（勘定…筆者注）に忙しい大坂人士が、時たまの閑を利用して生命の洗濯にゆく処で、病人の療養地ではない……。宝塚の生命が新温泉に在るのは勿論で、規模壮大、建物の総面積三千余坪、構内に動物園、パラダイス、レセプシヨンホール、歌劇場、図書館、大食堂、ビルヤード《（ママ）》、写真室、理髪室、女髪結室、納涼場、家族温泉等の設備完備し、殊に少女歌劇は宝塚名物として、其の名全国に宣伝してゐる……。

このように宝塚温泉は、鉄道とセットで、当初から行楽地として開発され、多くの入浴客を集めたのである。新温泉の浴場は、貸切の家族温泉五室、五〇坪の広さでトルコ風呂（蒸気風呂）を備えた男湯、二七坪の広さで中将湯（薬湯）を備えた女湯からなっていた（図41）。

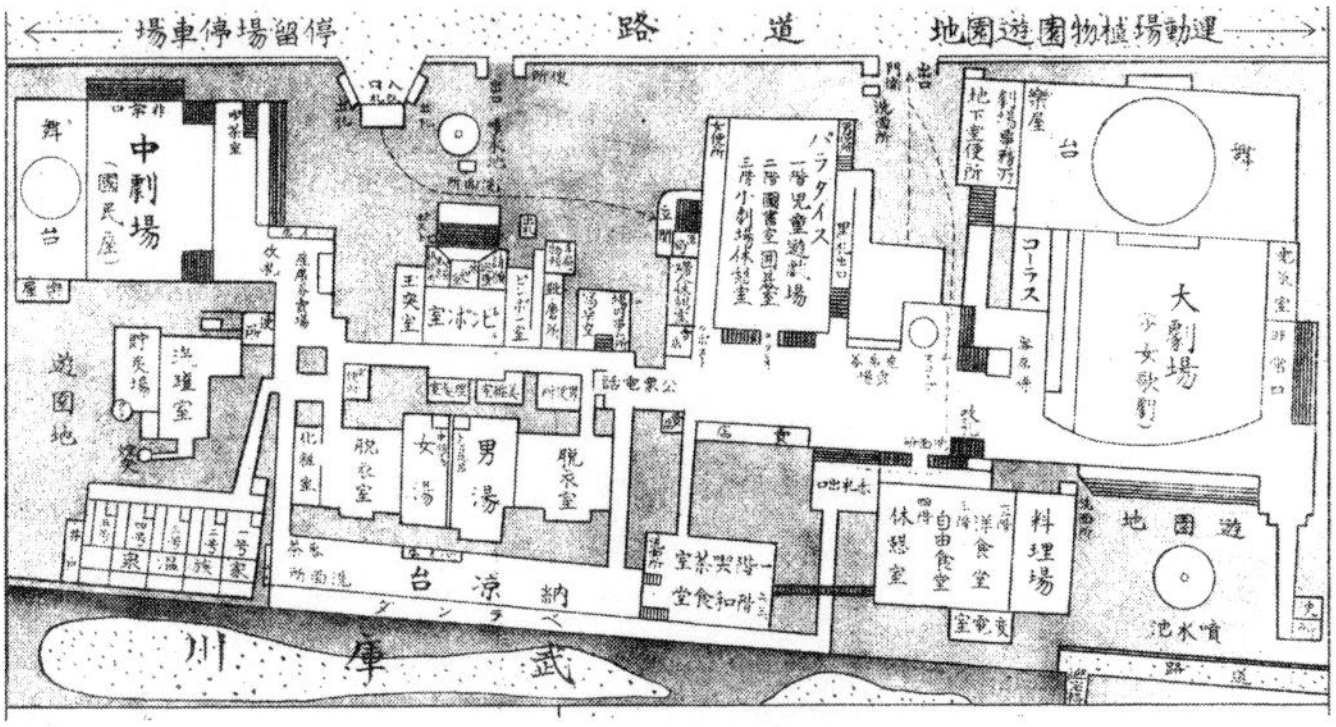

図41　宝塚新温泉の案内図

阪神急行電鉄株式会社発行「宝塚新温泉御案内」より

●伊香保温泉

一〇位の伊香保温泉の入浴客数は明治初期と比べると九倍に増加している。伊香保への交通は、明治四三年（一九一〇）の高崎・渋川間、前橋・渋川間の軌道の電化、伊香保電気軌道の開業によって大きく改善された。この電気軌道は、渋川からの「二里余の山路があるが為めに東京から出かけて行くのが何だか一寸億劫なやうな気がしたのである。それが、此の電車が出来てから、その億劫な心持がすつかり一掃されて了つた」（田山花袋『伊香保案内』一九三〇年）とあるように、多くの旅客を誘致するのに貢献した。伊香保は「山光水色の絶佳なると、空気の清澄なると、泉質の優秀なると、加ふるに交通至便なるとは、相俟つて我が国の代表的温泉場たるの名声を恣《ほしいまま》にしてゐる」との評価が与えられている（『療養本位温泉案内』大正一一年／一九二二）。

伊香保の温泉街は石段の左右に計画的に配置されており、温泉は泉源から大堰を通し、そこから決められた大きさの小間口に引湯して、権利をもつ温泉宿に引き込まれた（図42）。石段沿いには、おもに小規模旅館や店舗が並び、その奥に大規模旅館が位置していた（拙稿「鳥瞰図に描かれた伊香保温泉の景観」二〇〇二年）。大正初期の温泉宿は「清掃尽さゞる無く、……皆夫れ夫れ奇麗な内湯を持つて居る、夜になれば、明煌々の電燈がバツと点いて、此深山の奥に不夜城を出現させる、電話の鈴の音はチリ

図42　伊香保の石段街の絵はがき
下部に湯を分ける小間口がみえる

ンチリンと鳴つて、町の内から外から、遠くは東京横浜とも自由に話が出来る。設備の完全な例は、屋根の上の避雷針の設さへある」と描写されている（『伊香保案内』大正四年／一九一五）。

3　湯治場から遊覧観光地へ

●外湯から内湯へ

表8にあるように、ランキング上位の温泉地は西日本に偏在している。道後・城崎・山鹿・武雄などでは、共同浴場（外湯）に出かけ、そこで入浴料（湯銭）を払うようになっている。この点について、有馬温泉の共同浴場を説明しながら、田山花袋は次のように指摘している。

この湯銭制度、即ち銭湯と同じ組織は、上方地方でなければ見られないもので、関東や九州の湯の量の多いところでは、決してこんな風に湯銭を取らない。よし、湯銭を取るにしても、つけの隅の方に小さく書いて置く位のものである。

この湯銭制度も、畢竟するに、湯の湧出量が少く、各旅舎に満遍なく樋で送ることが出来ないので、それで止むなくかうしたことになるのである……。そしてかうした温泉に限つて共同浴槽に非常に金をかけて、壮麗極るものとしてゐる風がある。（『温泉めぐり』大正七年／一九一八）

松川二郎の『療養本位温泉案内』などでは、内湯がなく、遊興・歓楽的な要素の強い温泉地には辛口のコメントがつけられていたが、入浴客ランキングが示すように、そうした温泉地は人気が高く、多数の入浴客を集めていた。これは、温泉案内の著者たちと、大衆の求めた温泉地が異なっていたということになろうか。

ただし、旅館内に浴場を設けることは、自らの旅館の差別化・高級化を図り、より多くの宿泊客を獲得するために必要なことであった。当時の旅館の広告をみると、「内湯旅館」のキャッチ・

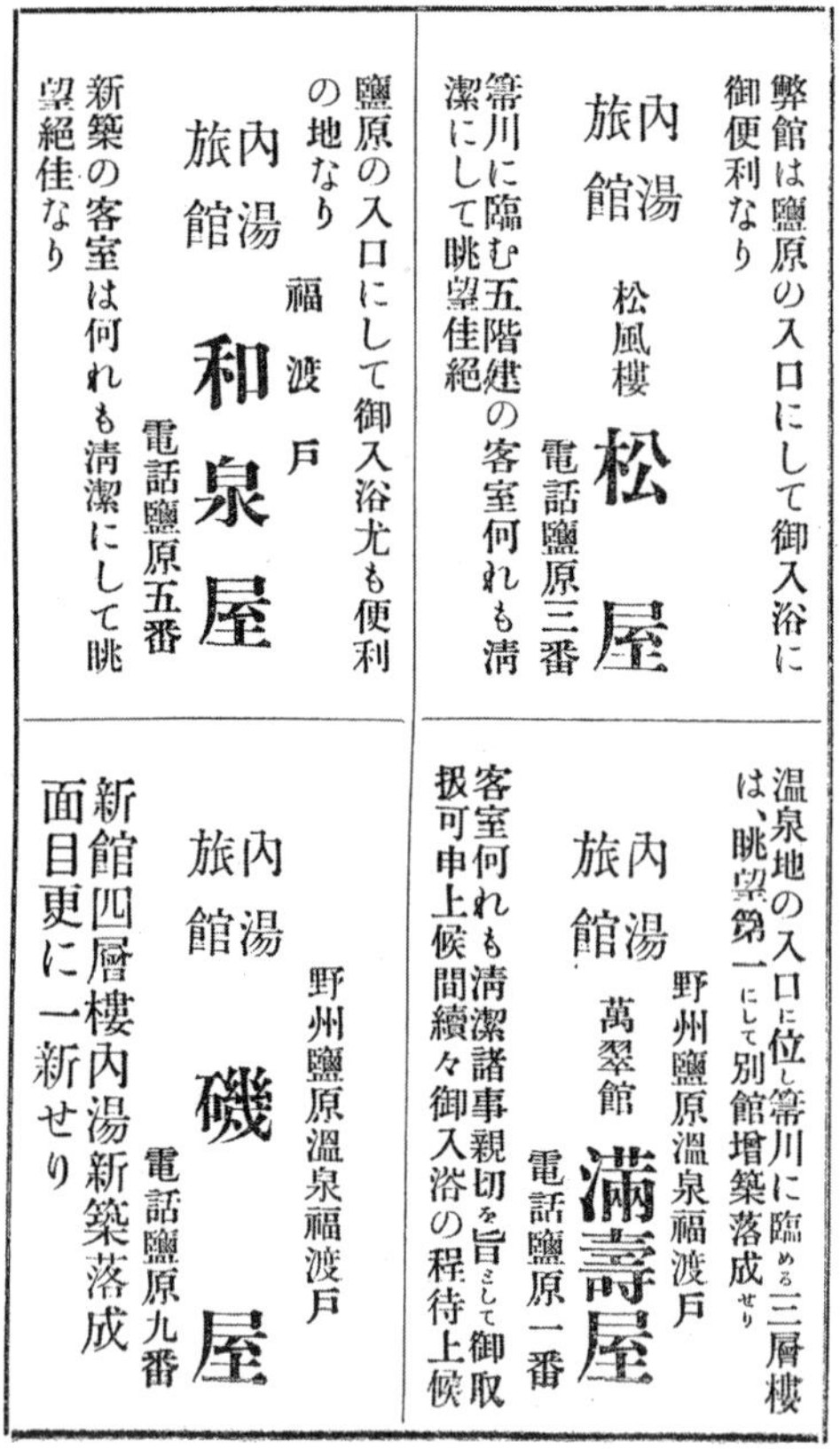
弊館は鹽原の入口にして御入浴に御便利なり
内湯旅館　松風樓　松屋
箒川に臨む五階建の客室何れも清潔にして眺望佳絶
電話鹽原三番

鹽原の入口にして御入浴尤も便利の地なり
内湯旅館　福渡戸　和泉屋
新築の客室は何れも清潔にして眺望絶佳なり
電話鹽原五番

温泉地の入口に位し箒川に臨める三層樓は、眺望第一にして別館増築落成せり
内湯旅館　萬翠館　滿壽屋
野州鹽原温泉福渡戸
客室何れも清潔諸事親切を旨として御取扱可申上候間續々御入浴の程待上候
電話鹽原一番

内湯旅館　磯屋
野州鹽原温泉福渡戸
新館四層樓内湯新築落成面目更に一新せり
電話鹽原九番

図43　塩原温泉の旅館の広告
各旅館とも三層から五層の客室を誇り、電話番号を案内していることにも注目。
『塩原温泉案内』大正13年(1924)より

図44　千人風呂遊泳実況
『日本温泉案内　東部篇』昭和5年（1930）掲載の相模屋旅館広告より

フレーズがもっぱら用いられている。図43は、塩原温泉の中心地である福渡戸《ふくわた》の旅館の例である。福渡戸には不動の湯・岩の湯・冷の湯・淡の湯・裸の湯という共同浴場がありながらも、上流の塩釜から温泉を木樋で導いて内湯を備えるようになった。

さらに、豪華な浴場施設を備えた旅館も増えていく。「現今各地にある千人風呂、万人風呂と称される大浴槽の元祖」（『日本温泉案内　東部篇』昭和五年／一九三〇）といわれたのは、明治四〇年（一九〇七）につくられた伊豆山温泉の相模屋旅館の大浴場である（図44）。それは長さ二二間（約三八メートル）幅六間（約一一メートル）あって、三方の羽目には平林探溟《たんめい》画伯の壁画で装飾し、そこに設けてある千人風呂は長さ五〇尺（約一五メートル）幅二五尺（約七・六メートル）深さ四尺五寸（約一・四メートル）もあり、昼夜霊泉こんこんと湧出して遊泳自在であ

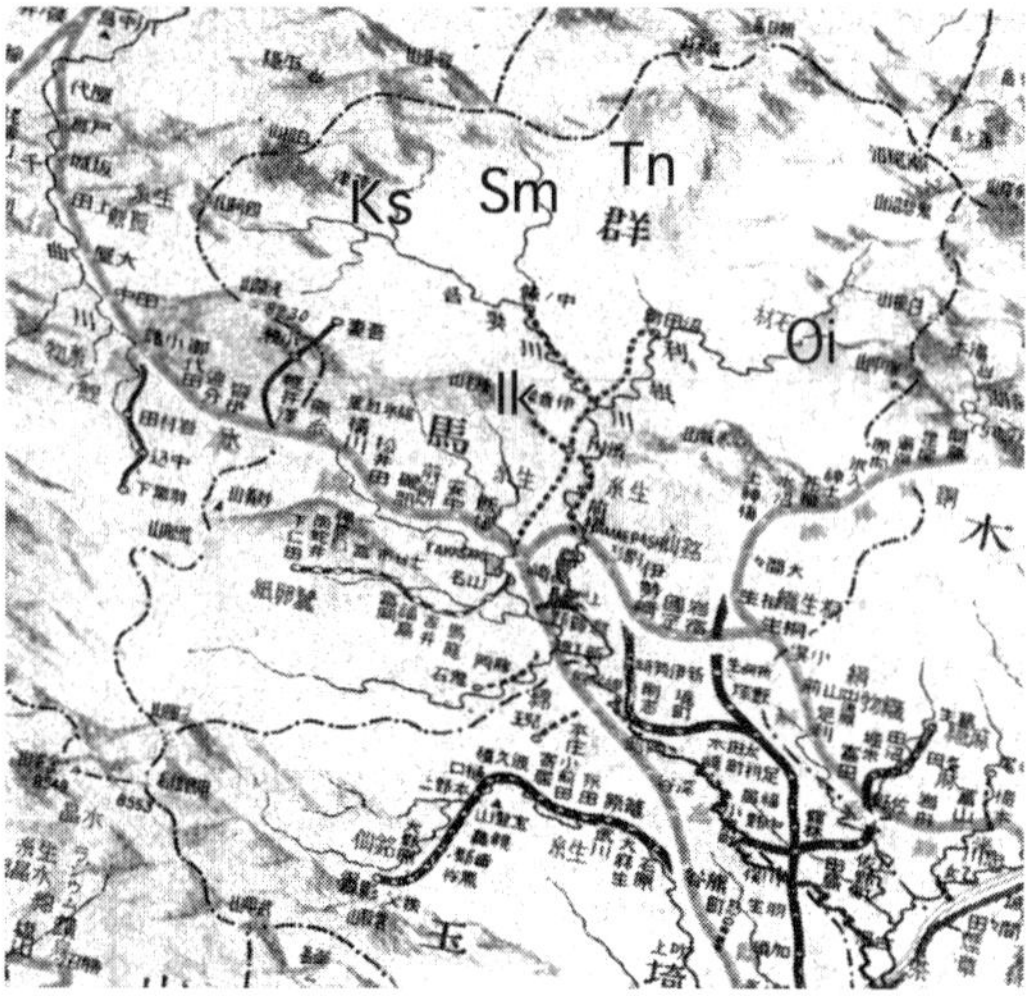

図45　事例とした温泉地の位置
Ik：伊香保、Ks：草津、Sm：四万、Tn：谷川、Oi：老神
基図は『鉄道旅行案内』大正７年（1918）付図を使用

る、風呂の傍らに高さ約二丈（約六メートル）の湯滝あり、滝の南方に三か所の小浴槽と海水温浴もある、と描写されている（『保養遊覧全国温泉名勝めぐり』大正九年／一九二〇）。

●大正三年の入浴客の出発地

ところで、鉄道旅行が普及する過渡期には、都市からの入浴客はどの程度いたのだろうか。ここで取り上げるのは、年間延べ入浴客数の異なる群馬県内の五つの温泉地で、その位置は**図45**に示したとおりである。図中の実線は鉄道、破線は軌道を表す。データの得られた大正三年（一九一四）の時点で、鉄道・軌道が通じていたのは伊香保のみであった。また、渋川から中之条と沼田までは馬車軌道が通じていたが、草津軽便鉄道の部分開業は大正四年（一九一五）、草津電気鉄道として全線開通するのは大正一五年（一九二六）を待たねばならない。乗合自動車の普及も大正八年（一九一九）以降のことである。したがって、伊香保以外の温泉地に行くには、

表9　大正3年（1914）における延べ入浴客数とその地域別の内訳

	伊香保		草津		四万		谷川		老神	
北海道・東北	1,184	0.6%	1,479	1.3%	2	0.0%	0	0.0%	213	3.6%
茨城	1,631	0.8%	2,655	2.3%	527	0.8%	5	0.1%	37	0.6%
栃木	4,443	2.1%	2,820	2.4%	5,045	7.2%	5	0.1%	563	9.4%
群馬	112,067	53.3%	42,939	36.7%	41,546	59.6%	7,254	93.1%	3,912	65.6%
埼玉	37,984	18.1%	13,119	11.2%	15,559	22.3%	1	0.0%	444	7.4%
千葉	774	0.4%	4,050	3.5%	413	0.6%	2	0.0%	33	0.6%
東京	41,265	19.6%	21,897	18.7%	6,481	9.3%	227	2.9%	326	5.5%
神奈川	2,782	1.3%	6,336	5.4%	103	0.1%	0	0.0%	27	0.5%
甲信越	5,344	2.5%	12,117	10.4%	65	0.1%	292	3.7%	200	3.4%
北陸・東海	818	0.4%	7,100	6.1%	7	0.0%	2	0.0%	152	2.5%
近畿	1,389	0.7%	1,336	1.1%	6	0.0%	0	0.0%	28	0.5%
中国・四国	399	0.2%	134	0.1%	2	0.0%	3	0.0%	31	0.5%
九州・沖縄	207	0.1%	35	0.0%	0	0.0%	0	0.0%	0	0.0%
外国人			881	0.8%						
延べ入浴客数	210,287	100.0%	116,898	100.0%	69,756	100.0%	7,791	100.0%	5,966	100.0%
入浴客数	37,762		7,159		7,597		1,299		1,230	
平均入浴日数	5.57		16.33		9.18		6.00		4.85	

「鉱泉場浴客調査表」『自大正四年至大正九年　鉱泉』（群馬県立文書館所蔵）より作成

徒歩か、人力車・馬車・馬の背を利用せねばならなかった。

表9をみると、最大の延べ入浴客を集めていた伊香保では、県内客は五三パーセントにとどまり、東京と埼玉が二〇パーセント近いことがわかる。草津では入浴客数は伊香保には及ばないものの、県内客は三七パーセントと低く、東京・埼玉・甲信越などの広い地域から入浴客が訪れている。草津は「温泉番付」で常に東の大関の位置にあったように、その独自の効能を求めてのことであろう。なお、草津のみ備考として、外国人のデータが掲げられている。その内訳は、イギリス二三五、ドイツとアメリカ二一〇、中国一二〇、ロシア七五、フランス二九、オランダ二である。

四万では、群馬県内が六〇パーセントを占め、埼玉も二二パーセントとなっており、近接地域からの入浴客が多い。昭和八年（一九三三）には、到着人数二万一二〇九人のうち、東京が一万八四八人、群馬が五九六八人と、東京が半数を占める最大の出発地となるが（『四万温泉史』一九七七年）、このときは、まだ一割に達していない。

事例のなかでは、谷川が最も県内客の占める割合が高く、かつ利根郡内が全体の八五パーセントにも達する。他方で、東京からの客は三パーセントに満たない。老神では、県内客が六六パーセントを占めるが、谷川と比べると遠方からの客がやや多い。これは、花柳病に特効があるという効能のためであろう。総じて、規模の大きな温泉地ほど東京の割合が高く、広い地域から客が訪れており、規模の小さい温泉地ほど県内客を中心としているといえる。

この調査では、延べ入浴客数とともに入浴客数も示されている。そこで前者を後者で割って、一人当たりの平均入浴日数を求めた。表にあるように、草津は平均一六日を上回り、長期滞在の湯治客が大部分を占めることが読み取れる。草津では、この時点でも三週間や四週間の滞在が一般的であった。平均九・一八日の四万も自炊による長期滞在客が主体であり、養蚕の日程に合わせて、八月下旬から九月上旬に入浴客のピークを迎えていた。伊香保においても平均五・五七日であり、東京をはじめとする遠方からの入浴客が多数を占めつつあったが、短期滞在の遊覧客はまだ主流ではなかった。

●観光地化の契機

谷川温泉で聞いた話として、西川義方は次のように記している。この地方は、大正三、四年頃までは、農閑期の温泉利用があった。四月の学期休みなどには、馬の両側に櫓をつけて、妻子を乗せ、味噌・醤油・米・塩などを運んで一〇日間の湯治を行なった。ところが、鉄道工事などの関係で、地元の農民は西入り、すなわち湯宿・湯島・法師などの温泉に転じていった。また、大正七、八年頃までは寒湯治もあった。新暦の一月から二月頃に、二、三週間滞在した。この間、お互いに搗いた餅や煮物の贈答をしたりして、客人だか家人だか判らぬほどに炉端などで親しんだ。ところがスキーの勃興とともに、それもできなくなったという(『温泉須知』昭和一二年/一九三七)。つまり、鉄道工事関係者やスキー客などの増加によって、近隣の湯治客が行き場を失ったのである。

療養・保養温泉地が観光地化する直接の契機について、山村順次は、交通機関の整備によって短期滞在観光客が多数来湯することにあると指摘する。それにともない、宿泊形態が自炊・半自炊から賄付へ、滞在の短期化、客層が固定客から不特定多数の客へ、入湯圏の広域化、宿泊料金の上昇などが生じ、温泉の利用も外湯(共同浴場)から内湯(旅館内の浴場)へと移行していく(『新観光地理学』一九九五年)。

ただし、この時期、道後・城崎・別府でも湯治場的要素を強く残していたし、大都市に近接した宝塚のような例外を除けば、ランク上位の温泉地でも、一泊二日、二泊三日の行楽客が主流となる前段階にあった。それを可能にするには、鉄道路線の伸張に加え、道路が整備され、乗合自動車によって温泉地まで直結されることが必要であった。それにともない、口コミによって訪れる県内や隣接県からの固定客だけでなく、大都市から入浴客を呼び寄せるための宣伝活動が求められるようになる。そこで、次章では昭和初期のメディア・イベントと温泉地とのかかわりをみたい。

4 メディア・イベントと温泉地の動き

昭和初期になると、交通とメディアの発達によって、各地の温泉はより広い地域から旅行客を迎えるようになり、その獲得をめぐっての競争が激しくなっていた。「療養の目的の外に近年社会生活が忙しくなるに伴ひまして、平素の煩雑な生活から離れて閑静の地に身を休めることに依つて心身の休養を図り、健康の増進に役立たせようとする目的で、温泉を訪れる人々が非常に多くなつて参りました」(三浦直彦「温泉と保健」昭和七年/一九三二)とあるように、保養客や行楽客が大きく増加した。そうしたなかで、温泉組合・旅館組合などは、新聞への広告、ポスター・リーフレットの作成、博覧会・展覧会への出品など、さまざまなメディアを利用した宣伝活動を展開したのである。

ここでは、大阪毎日新聞社と東京日日新聞社が主催した「日本新八景」と国民新聞社が主催した「全国温泉十六佳選」という人気投票による温泉コンテストをとりあげて、温泉地の人々がどのようにかかわったのかをみたい。なお、以下では朝刊からの引用の場合には日付だけを示し、夕刊の場合にはそれを明記する。

1 「日本新八景」の選定

●イベントの概要

「日本新八景」は、昭和二年(一九二七)に大阪毎日新聞社と東京日日新聞社の主催、鉄道省の後援で行なわれたイベントである。これは、温泉だけでなく、山岳・渓谷・瀑布・湖沼・河川・海岸・平原という八種類の新しい日本の風景地を選定しようとするものであった。ほかの八景が自然の風景地であるので、ここに温泉が加えられているのはやや異質な感があろう。この点について、「日本新八景」は、風景コンテスト以上に観光地コンテストの色彩が強いことがうかがえると指摘されている(白幡洋三郎「日本八景の誕生」一九九二年)。

「日本新八景」の選定は、一枚の官製ハガキに一景を記入して投函する候補地推薦投票から始まった。その期間は四月一〇日から五月二〇日までで、得票の動きは連日紙面に掲載された。五月一八日の紙面には一五日正午までに到着分の票数が示されている。しかし、翌日の紙面からは三日前の正午までに整理された票数が記載されるようになった。つまり、締め切りの五月二〇日に迫ると、大量の投票にハガキの整理が追いつかなくなってしまったのである。その後、六月五日になって、それぞれ第一〇位までの「日本新八景」推薦投票結果が発表された（図46）。紙面には、「真に郷土愛の発露」という見出しのもと、単なる名勝地の紹介宣伝ではなく「燃ゆるやうな郷土愛によつて結ばれた団体の力が如何に偉大であるかをしみじみ感じさせた」と、各地で展開された投票行動が位置づけられている。

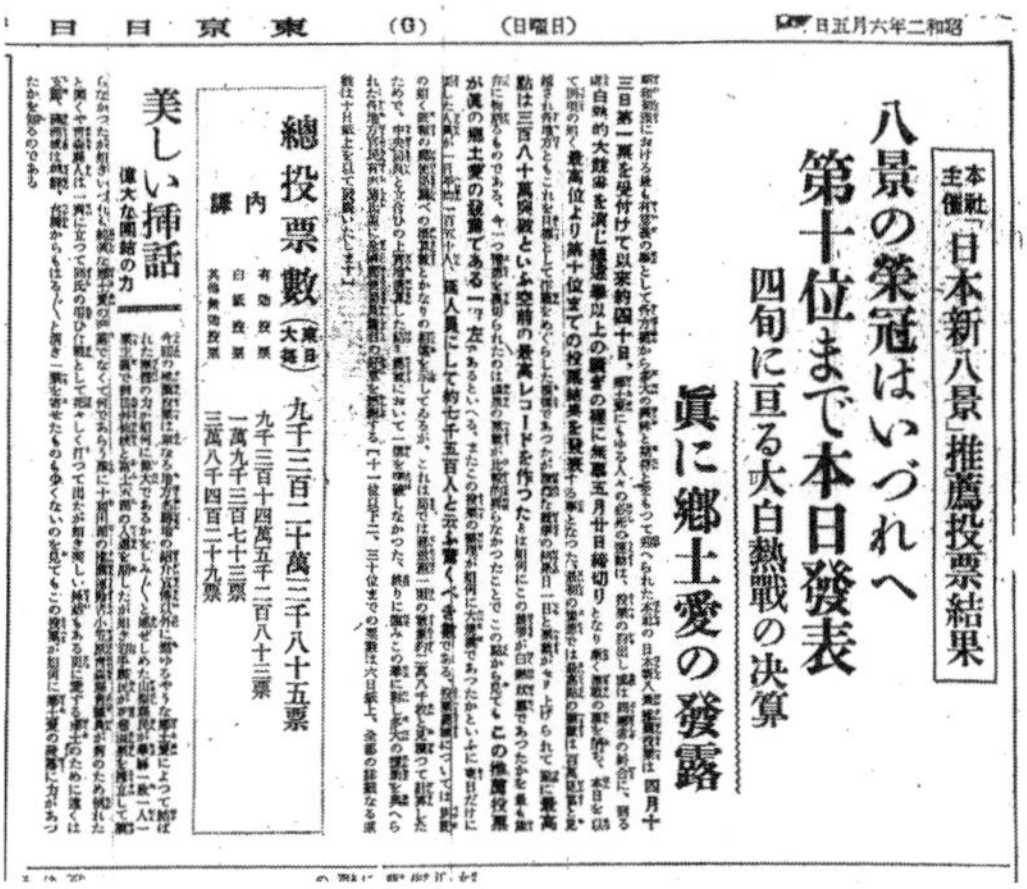
東京日日 (6) (日曜日) 昭和二年六月五日

本社主催「日本新八景」推薦投票結果

八景の榮冠はいづれへ 第十位まで本日發表

四旬に亘る大白熱戰の決算

眞に鄕土愛の發露

總投票數（東日大每） 九千三百二十萬二千八十五票

內譯 有効投票 九千三百十四萬五千二百八十三票

白紙投票 一萬九千三百七十三票

其他無効投票 三萬八千四百二十九票

美しい挿話 偉大な團結の力

図46 「日本新八景」推薦投票結果を伝える紙面
『東京日日新聞』昭和２年（1927）６月５日

●推薦投票の結果

温泉部門の投票総数は、一一九一万票余で、一四七か所の温泉がリストアップされた。これは、海岸・渓谷・山岳に次ぐ票数である。しかしながら「今一つ予想を裏切られたのは温泉の票数が比較的昇らなかつたことでこの点から見てもこの推薦投票が真の郷土愛の発露である一証左であるといえる」（『東京日日新聞』六月五日）と報じられている。この評価はともかく、日

表10　「日本新八景」得票数上位の温泉

	八　景	十六佳選
花巻／岩手	2,120,488	867,862
熱海／静岡	1,038,287	256,372
山中／石川	907,862	1,014
和倉／石川	740,334	3,306
三朝／鳥取	570,358	1,838
芦原／福井	556,188	3,556
東山／福島	529,344	8,429
片山津／石川	516,718	1,158
伊東／静岡	507,488	10,489
別府／大分	484,697	30,942
嬉野／佐賀	416,594	1,253
俵山／山口	331,089	1,879
温海／山形	322,354	219,171
那須／栃木	300,524	50,805
勝浦／和歌山	288,016	
皆生／鳥取	284,308	

『東京日日新聞』昭和２年（1927）６月10日、『国民新聞』昭和５年（1930）３月６日紙面より作成。

本の風景地の選定という点では、ある程度の規模をもつ温泉しか候補になりにくかったことが影響したと思われる。

　最も多く票を集めたのは花巻の約二一二万票で、ここだけで温泉部門全体の一七・八％を占め、熱海の約一〇四万票、山中の約九一万票、和倉の約七四万票と続いた（**表10**）。このイベントにおける組織的な集票活動が地域に与えた影響は小さくなかったと思われる。トップの花巻の場合、初め五〇万票の集票をもくろみ、さらに一〇〇万票に改め、締め切り一週間前頃に各地の情勢を探って二〇〇万票主義に転じたことは、岩手全県民の援助のもとにあるとはいえ、巧妙なやり方であったと報じられている（『東京日日新聞』六月六日）。

　こうして「日本新八景」推薦投票において圧倒的の多数の票を集めた花巻温泉では、入選は確実になったとして、六月六日に、花巻温泉後援会が祝賀提灯行列を行なっている。午後八時に稲荷神社前を出発し、にぎやかな囃子につれて万歳を唱えながら温泉街を練り歩き、台温泉に至っ

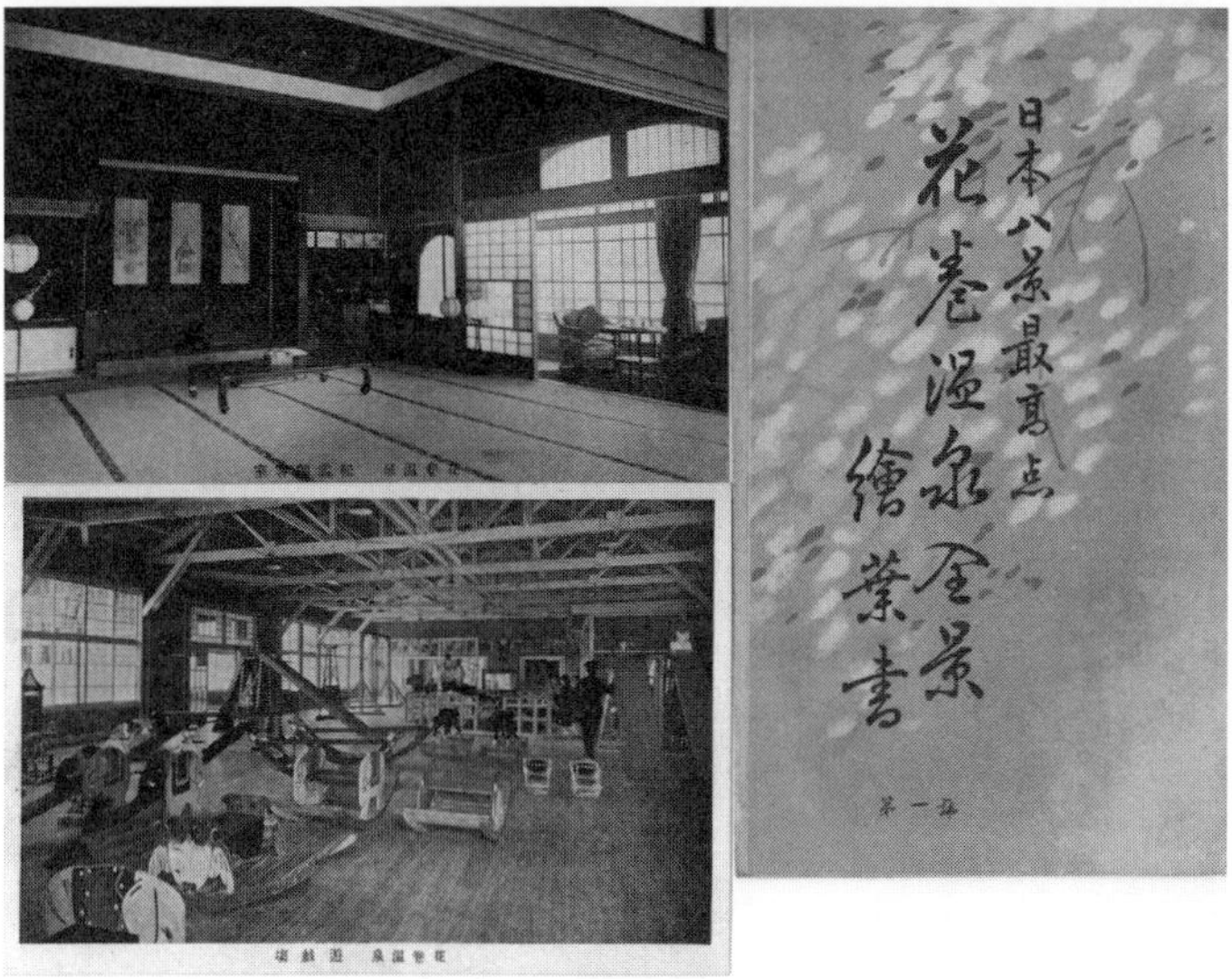

図47　「日本八景最高点　花巻温泉全景絵葉書」
右：袋、左上：松雲閣客室、左下：遊技場

て解散し、非常な賑わいを呈したと伝える(『岩手日報』昭和二年六月八日)。また最高得票を祝う花巻温泉の絵葉書も発行されている(図47)。

●八景に選ばれた別府

それぞれの入選地は、官界・学界・芸術界などの有識者からなる四八人の委員による審議によって最終的に決定された。その結果、七月六日の紙面において発表された「日本新八景・二十五勝・百景」では、温泉部門の最多得票であった花巻は百景に選ばれるにとどまった。

温泉の第一勝である八景に選定されたのは、得票数一〇位、約四八万票を集めた別府であった。ちなみに、決定された八景は、平原：狩勝峠（北海道）、湖沼：十和田湖（青森・秋田）、瀑布：華厳滝（栃木）、渓谷：上高地（長野）、河川：木曽川（愛知）、海岸：室戸岬（高知）、山岳：温泉岳（長崎）、温泉：別府（大分）であって、地域的なバランスが配慮されたことがうかがえる（荒山正彦「風景のローカリズム」二〇〇三年）。

の鳥瞰図（部分）
街地の大半を占めるほど強調して描かれている。
志をり」昭和２年（1927）より

八景に次ぐ二十五勝には、熱海・塩原・箱根の三つの温泉が入選した。熱海は一〇四万票近くを獲得しているが、塩原は約二五万票、箱根はわずか一八七票という得票であった。百景には、花巻と山中から嬉野までの得票上位の温泉に加えて、約二七万票の青根、約四万票の登別が選ばれている。このように「日本新八景」では、読者による投票がそのまま八景の選定にはつながらなかったのである。

別府では八景入選の知らせを受けて、亀の井ホテル主人油屋熊八氏が別府市民を代表し、市長の感謝文を携えて、六日午前一一時に大阪毎日新聞

図48 別府温泉

油屋熊八の経営する亀の井ホテルの案内で、市
吉田初三郎「別府温泉御遊覧の

社訪問のために飛行機で出発、市内各商店では八景入選の大看板を店頭にかけ、いまや別府温泉は歓喜の絶頂に達して一大祝賀会を行なうべく計画中であると、その喜びが報道されている（『東京日日新聞』七月七日夕刊）。

こうして選定された八景の魅力を紹介するため、昭和三年（一九二八）、八葉の挿絵と八つの紀行文をとりまとめた『日本八景』が刊行された。別府温泉を担当したのは高濱虚子である。彼は、元別府町長の日向子太郎や油屋熊八らの案内で、地獄めぐりに出かけ、由布院や大分元町石仏などを訪れている。その紀行文のなかでも「朝からごうごうと飛行機が宿の上を飛ぶ。これは別府の海にうかんでおる水上飛行機が十分間十円で客を乗せて飛ぶのだそうである。油屋熊八氏はこの飛行機に乗って八景入選の喜びを大坂まで述べに行き」と記している（幸田露伴ほか『日本八景』二〇〇五年）。**図36**の絵はがきにも、水上飛行機の機影が組み込まれている。

昭和三年四月一日から、別府市は「中外産業博覧会」を開催し、五〇日間の会期で八〇万人を越す入場者を集めた。会場には、温泉館・風景館・美術館・水族館などがつくられ、「会期中全市を挙げて花の街、灯の街たらしめ、一大不夜城を現出」した。(『別府市誌』一九八五年)。昭和一二年(一九三七)にも別府市は「国際温泉観光博覧会」を開催するなど、観光客を意識したイベントや施設の整備によって、全国的な観光地へと発展をみたのである。

2 「全国温泉十六佳選」

●イベントの概要

『国民新聞』は、大正初期には東京の五大新聞の一つといわれていたが、昭和の初めには五紙のなかで最下位に転落し、『東京日日新聞』と『東京朝日新聞』の半分以下の部数になっており、昭和四年(一九二九)一月には創刊者である徳富蘇峰も退社している(有山輝雄『徳富蘇峰と国民新聞』一九九二年)。したがって、昭和四年一二月に開始された「全国温泉十六佳選」は、こうした劣勢を挽回するために企画されたイベントといえるだろう(図49)。

この「全国温泉十六佳選」では、有名無名を問わず、得票の順位によって一六の温泉を選び、広く紹介すると予告された(『国民新聞』昭和四年一二月一四日)。投票用紙は、本紙刷り込みの投票用紙（朝刊一票・夕刊二票添付）または官製ハガキを用いるとあって、投票用紙を本紙に刷り込むことで、部数の増大をねらっていたことが理解できる。投票期間は昭和四年（一九二九）一二月二〇日から昭和五年（一九三〇）二月一〇日と告示されたが、実際の締め切りは、一月下旬に衆議院の解散があり、総選挙の影響を避けるために三月五日に延期された。したがって七五日間の長期にわたって投票が行なわれた。

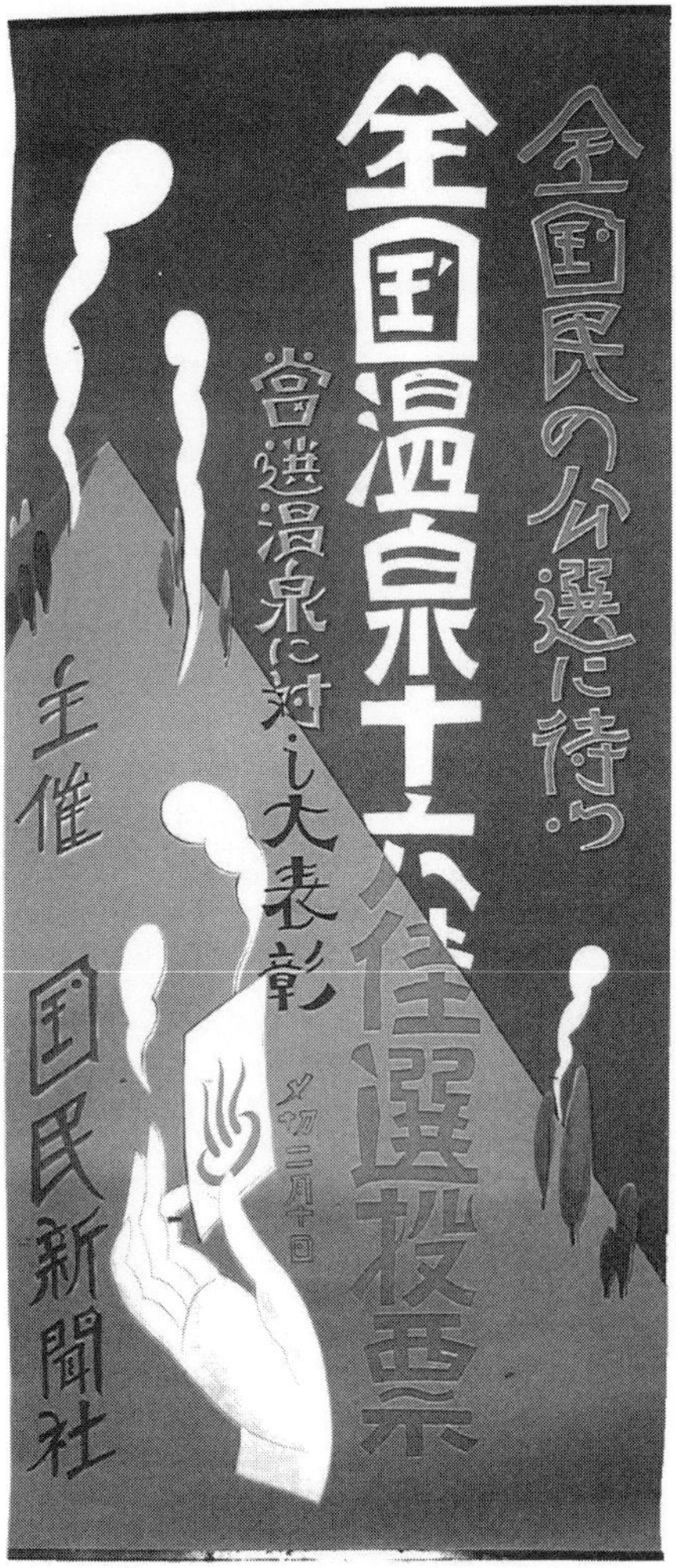

図49　投票を呼びかけるポスター

表11　「全国温泉十六佳選」得票数上位の温泉

	八　景	十六佳選	旅館数
箱根／神奈川	187	1,204,378	34
花巻／岩手	2,120,488	867,862	4
下部／山梨	3	752,587	5
日光湯元／栃木	2	376,495	7
瀬波／新潟		309,863	11
吉奈／静岡	4	295,616	2
老神／群馬		289,833	4
小谷／長野		278,356	4
鬼怒川／栃木	378	273,870	5
伊豆長岡／静岡		271,378	11
玉造／島根	1	268,182	4
熱海／静岡	1,038,287	256,372	28
二股ラヂオ／北海道		238,114	1
大室（上牧）／群馬		234,903	1
温海／山形	322,354	219,171	23
川原湯／群馬		217,789	5

旅館数は鉄道省編（1931）『温泉案内』の記載による。
「鬼怒川」は八景では「大瀧」と表記。『東京日日新聞』昭和2年（1927）6月10日、『国民新聞』昭和5年（1930）3月6日紙面より作成

●得票結果の比較

前述の「日本新八景」が東西の有力紙によるイベントとして、全国的な展開をみたのに対して、「全国温泉十六佳選」は、国民新聞社単独の企画であったため、西日本の温泉のほとんどで、このイベントへの積極的な参加はみられない。前掲**表10**にあるように、「日本新八景」で上位にあった温泉のなかでは、別府が三万票余を集めているのが目立つ程度である。

また、最終的な得票結果では五〇〇票未満の温泉が省略されているので、正確な投票総数を確かめることができないが、記載されている票数を合計すると七六六万票となる。

表11には、入選した温泉の一覧を示した。やはり、玉造以外は東日本の温泉に偏っていることがわかる。得票が五千票を超えた温泉をみても、関西より西では、四万票の道後と三万票の別府

の二つしか入っていない。一方、両者のイベントとも上位にあるのは、花巻・熱海・温海《あつみ》の三つの温泉である。それ以外では、箱根をはじめとして「日本新八景」とのかかわりはあまり認められない。「全国温泉十六佳選」は、得票数だけで順位が決定されるので、箱根のような有名温泉地も選ばれてはいるが、むしろ新興の温泉地、小規模な温泉地にとって、絶好の宣伝の機会と捉えられたのではないだろうか。とはいえ、本紙刷り込みの投票用紙を入手するにしても、官製ハガキを使うにしても、相当の資金力が必要なのはいうまでもない。

●加熱する集票活動

投票が始まると、前日までの各地の得票結果が朝刊の紙面に連日掲載された。昭和四年一二月二〇日の朝刊には「投票用紙は昨夕刊（二〇日付）から刷込んであるので、待ち兼ねた読者諸氏は配達されただけの新聞では満足出来ず各方面から買集めて十票二十票と本社へ直接持参又は速達で送り届けるといふ熱心さ」と、人気沸騰ぶりを伝えている。「日本新八景」推薦投票では読者の投票を煽るような表現はみられないが、このイベントでは販売部数の拡大をねらってか、各地の集票活動の状況を詳しく伝えている。

昭和五年一月二〇日の紙面には、関連記事が多く掲載されている。伊豆長岡では、首位からの転落を受けて、さかなや旅館において、大和館、かつらぎ屋、小川屋、橋本屋、共栄館の旅館主

図50　伊豆長岡温泉に残る「全国温泉十六佳選」入選プレート

などが協議し、一時に数万票を投じて首位を占めるため、約一万票を送付、宇垣一成陸相を訪問して応援を乞うべく上京する、という動きが伝えられている（図50）。また、日光湯元と鬼怒川では、両温泉の後援者が本紙愛読者を訪問して、投票用紙の狩り出し競争を続けているので、これに刺激を受けて、那須でも大々的に活動することになったという記事からは、票集めに奔走する関係者の姿がみえよう。小谷《おたり》の場合、地元長野県北安曇郡中土村では、緊急村会を招集、「愛郷運動」と名づけて、かつて内務省の特選によりドイツで開催された万国鉱泉博覧会出品の誇りを保持すべく投票に関する諸事項を決議、直ちに全県下公共団体在郷県民に向かって後援依頼状を発送、とある。まさに、このイベントでの集票活動が郷土愛をかけた運動となっている。

　こうした動きは、郷土に暮らすものだけでなく、東京在住の人々にもみられる。在京栃木県人の有力者が集まり、郷土の代表的温泉で、連日の投票でも上位を占めている日光湯元、鬼怒川、塩原、那須、川治の五つの温泉を推挙し、当選を期して猛烈な運動を開始することとなったと伝える動勢は、その典型的な例といえよう（『国民新聞』一月二三日）。

当初に設定された締め切りが近くなった一月末には、配達中、新聞刷り込みの投票用紙を切り抜いて配達するものがあるようなので、もしそうしたものがあったら本社へ知らせるように、また、新聞の注文が殺到しており、間際では応じられないので、早めに申し込むのが得策であるとの注意が掲載されている（『国民新聞』一月三〇日）。

●締め切り直前の動向

総選挙も終わり、「突撃また突撃佳選を目ざす／壮烈なる白兵戦展開」という見出しの付けられた二月二八日の紙面には、得票のあり方を「集中射撃」「巨弾」「六インチ級の砲弾」という比喩で表現しており、締め切りの直前に、投票をさらに煽るような記事となっている。とくに最終日に迫ると、多くの紙面を割いて各地の情勢が伝えられた。事実、最後の一週間には激しい票争いが繰り広げられたのである。

図51には、上位二〇位までの温泉について、得票数の動きをまとめた。まず、何よりも目立つのは、箱根の最終日における得票の伸びであろう。一日で一〇四万票を上積みして、前日の一〇位から一挙に一位に躍り出ている。二位となった花巻はずっと上位で安定した得票を重ねており、

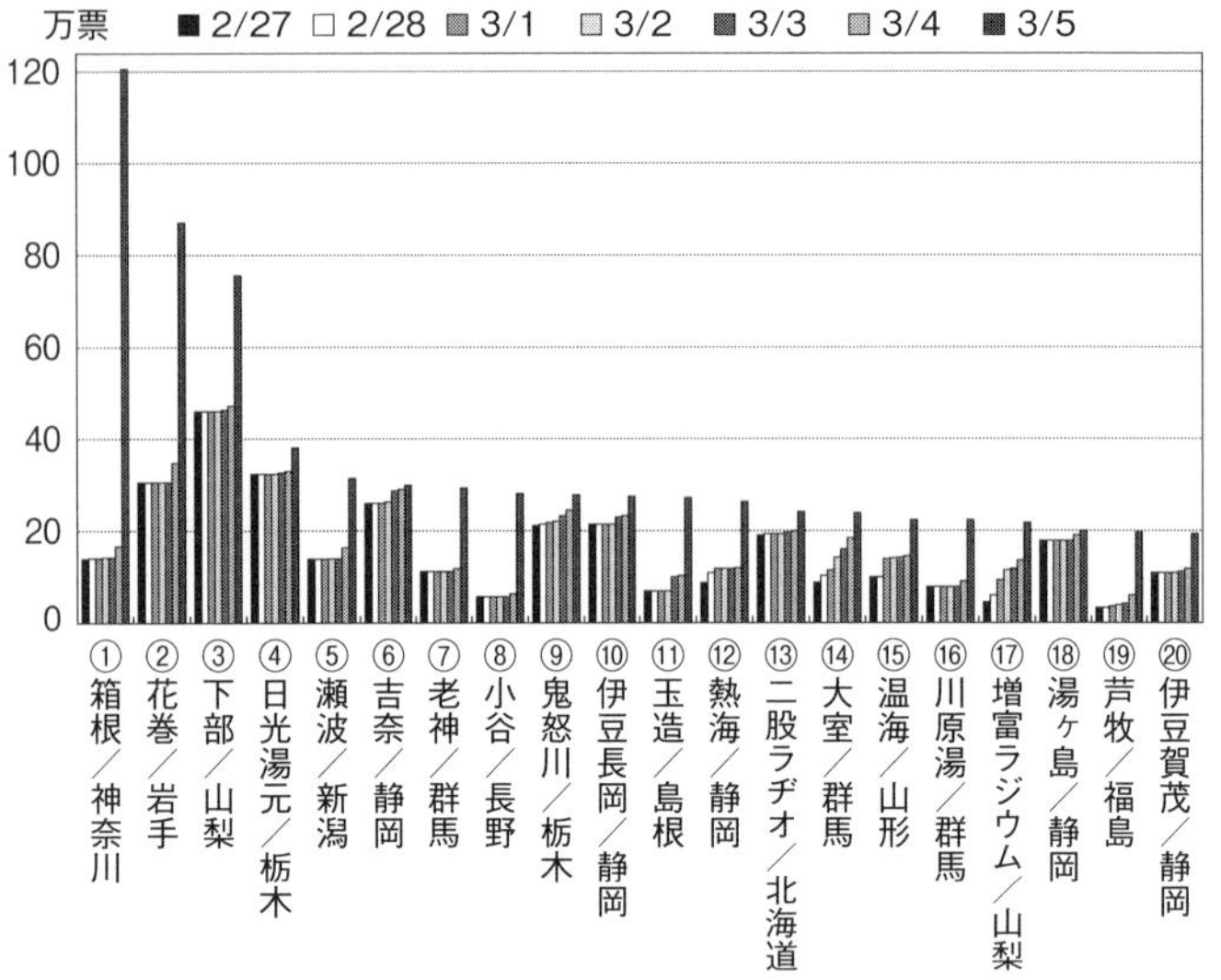

図51　締め切り直前1週間の得票総数の推移

『国民新聞』昭和5年（1930）2月28日―3月6日より作成

最終日も五二万票を加えたが、箱根には及ばなかった。一方、二月半ばからずっと一位の座を占めていた下部は、最終日に二八万票を集めたものの、三位に転落した。

また、連日一万から三万の票を増やしていったのは、大室（現在の上牧《かみもく》）と増富ラジウムである。大室では、締め切り前日に九位まで順位をあげ、最終的には一四位で入選した。増富ラジウムは、二月二七日の二〇位から前日には一三位まで順位を上げて入選圏内に入ったが、最終日に二一万票余を加えた小谷、一七万票近くを加えた玉造、一三万票余を加えた川原湯などに逆転されて、結果は一七位とわずかに及ばなかった。一方、湯ヶ島の場合、ずっと八位を維持していたが、最終日の得票が七千票しかなく、順位を大きく下

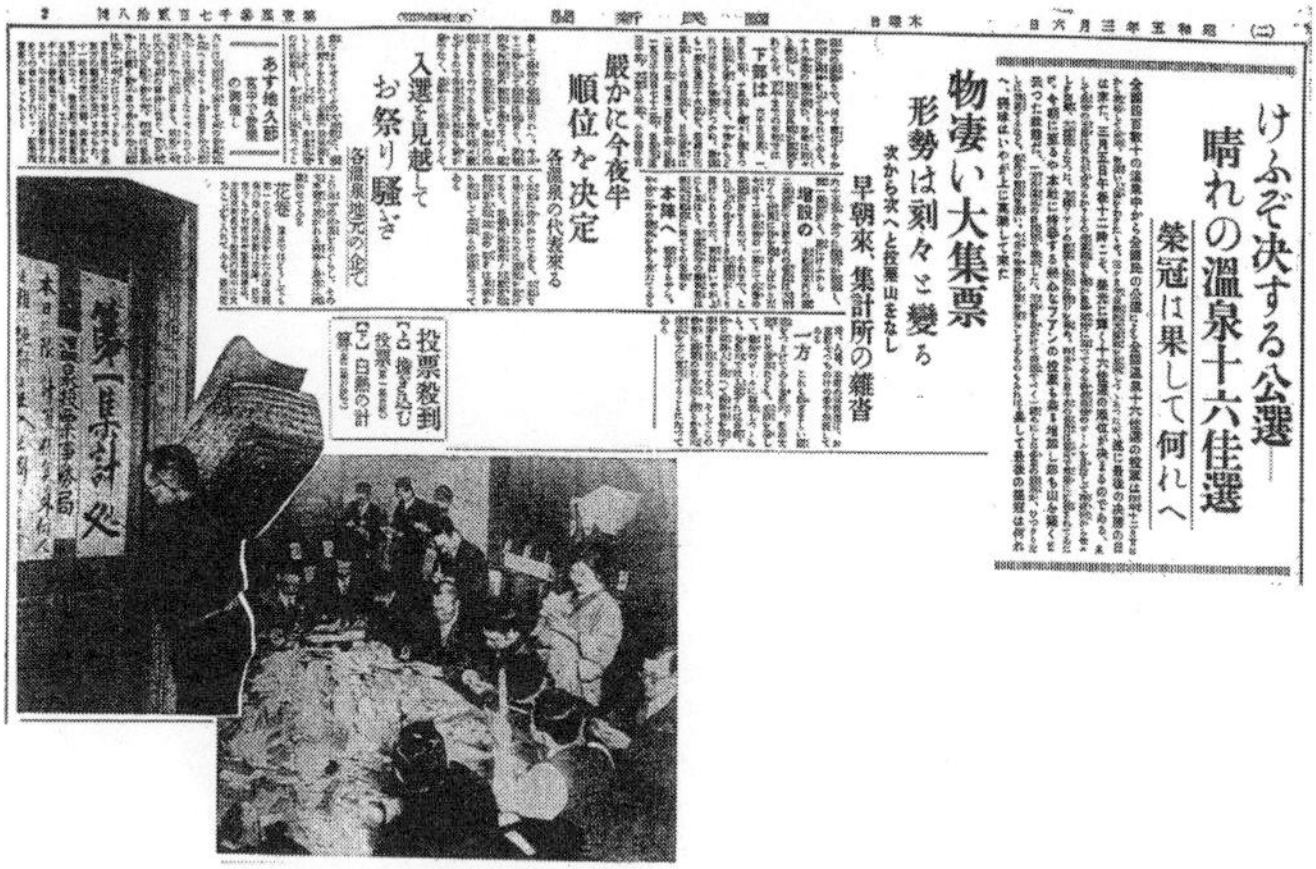
國民新聞
けふぞ決する公選
晴れの温泉十六佳選
栄冠は果して何れへ
物凄い大集票
形勢は刻々と變る
次から次へと投票山をなし
早朝來、集計所の雑沓
嚴かに今夜半
順位を決定
各温泉の代表来る
入選を見越して
お祭り騒ぎ
各温泉地元の企て
投票殺到

図52　投票最終日の情勢を伝える記事
『国民新聞』昭和５年（1930）３月６日夕刊

げて圏外に落ちた。

このように入選した温泉のいずれもが、最後の一日で何万、何十万もの票を集めたのである（図52）。つまり、組織的な集票活動を支える熱意と資金力が当落の鍵となったといえよう。そこで『国民新聞』の記事や関連資料から、温泉地の人々の具体的な活動のありかたをみていきたい。

3　各地の温泉地の動向

●箱根温泉

箱根は二月半ばまで入選圏内に位置することはなく、当初は静観していたものと思われる。『国民新聞』の紙面には、一月一八日の午後、関係者を集めて協議会を開き、投票に関して話し合ったこと、登山電車の関係で日本電力会社も極力応援することになったと記されている（『国民新聞』一月一九日）。また、一月二一日の紙面に、箱根は久しく沈黙を守ってきたが、ファンからの投票に刺激されて協議会を開いた結果、いよいよ地元として結束して立つこととなったとある。このとき、箱根の順位は二二位で、得票数は六二二七票にとどまっていた。すなわち、箱根のような著名な温泉でも、組織的な集票が行なわれなければ、上位に入れなかったのである。

三月三日の紙面には、「策戦の古強者、正木振興会主事が二日午前ひそかに上京、神田の某旅館に本陣を置き在京有志の糾合に目覚ましきまでの活動を見せて来た」とあって、箱根と東京を結びつつ、集票活動を展開していたことがわかる。三月五日の紙面になると「箱根では我が社の向側に家を借り事務所を設け、連日奮闘の石村振興会主事を始め、柏木其の他数氏と共にゴール眼がけての策戦に活躍に敵状視察に四日夜は殆ど徹夜、その猛運動と秘策は如何なる巨弾となつてブツ放されるか？」と、猛烈な追い上げを予想する記事となっている。

最終日の様子は、途中経過も含めて詳細に報告されている（『国民新聞』三月六日）。五日午後二時の箱根の順位は一三位であったが、午後五時には一挙に八万一千票余を入れて七位に大躍進、その後は他の温泉の追い上げがあって、午後一一時には九位となっていた。そこから箱根は一八万票を入れて一躍三位に進出、締め切り一五分前になって、「三万、五万、十万と一たばにした投票用紙が八九名の人々の手で雨を衝いて本社玄関になだれ込んだ、凄まじい掛け声もろ共机上に山とつまれた票数、驚くなかれ、六十九万五千票」とついに一位に躍進、いよいよあと二分になって「二万、三万の束、箱根だ、箱根だ、箱根が最後の奇襲だ」と最後まで票を積み上げ、そこで一二時の締め切りのベルがなった。こうして「大玄関、受付の内外にどっと挙がる歓声、拍手の爆発、此の息づまるやうな劇的シーンの裡に、三ヶ月に亘つて全国に驚異的白熱戦を演じた我が温泉投票は、目出度く最後の幕を閉ぢたのである。」

図53　「祝当選」の自動車を小旗で歓迎する宮城野小学校生
『国民新聞』昭和５年（1930）３月７日

箱根一位当選の知らせは、すぐ地元にもたらされ、六日には全山十二湯はもちろん小田原までが歓喜にわき、「軒先に国旗を掲げるやら、青年団在郷軍人さては小学生等が旗行列をするなど文字通り盆と正月が一緒に来た以上の驚喜振り」となった（図53）。

「手柄話に打ち寛ぐ当選祝賀会」などの記事では、「殊勲者箱根振興会主事石村幸作」「同理事原重蔵」「小川振興会会長」「箱根登山鉄道副支配人北林賢治郎」「猪飼小田原駅長」「富士自動車の志沢部長」「石村温泉組合長」「清水日電出張所長」といった関係者の役職と名前をみることができる（『国民新聞』三月七日）。また、七日には、入選の挨拶と宣伝のため、各町村長をはじめ温泉関係者二〇余名が集合して、強羅から国民新聞社を訪問し、東京の幹線道路を練り回る自動車隊が送り出された（『国民新聞』三月八日）。このように「全国温泉十六佳選」へのかかわり方は、箱根振興会を中心に、箱根温泉旅館組合、交通機関などの関連企業、町村役場、住民をあげてのものだったことがわかる。

それでは、「日本新八景」では動かなかった箱根が「全国温泉十六佳選」というイベントに、ここまで力を入れたのはなぜだったのだろうか。それは、箱根における国立公園指定認可運動と関係していたと推察される。「全国温泉十六佳選」で中心となって活躍した箱根振興会は、「箱根全山ノ興隆ヲ期スル」ため、大正一五年（一九二六）に設立され、観光宣伝だけでなく、道路の修繕や植樹・古蹟保存などの保勝事業も担った。これらの事業は、今日の箱根観光の基礎がこの時代に確立されたといっても過言でないと評価されている（『箱根温泉史』一九八六年）。

箱根振興会の関係者は、国立公園制定の動きを知ると、誘客対策の格好の決め手となると考え、箱根山を国立公園に入れるべく、昭和二年（一九二七）八月に、神奈川県を経由して帝国議会への請願を行なっている。さらに、昭和四年頃より箱根振興会を中心にして運動は一段と活発化し、昭和五年（一九三〇）一月二一日には、官民一体となって、神奈川県知事を会長とする「大箱根国立公園協会」が設立されている（『箱根温泉史』一九八六年）。

この協会の設立は、「全国温泉十六佳選」への組織的な取り組みが始まる時期と一致する。このような、全山七か町村、十二湯、行政と民間機関とが一体となる機会と、箱根を内外により広く宣伝する必要性が、大量の投票を後押ししたと考えられる。『国民新聞』でも「大箱根国立公園協会」が設立されたこと、協会は、国立公園の設定促進を図り、あわせて箱根の名勝を外国へも宣伝するため、外人誘致策・遊覧系統の調査研究、資料の収集、図書・雑誌の刊行、講演会・展覧会の開催などを予定していることを伝えている（三月二〇日附録「全国温泉十六佳選紹介号」）。

●花巻温泉

前述のように、花巻は「日本新八景」のイベントで第一位、「全国温泉十六佳選」でも第二位と抜群の集票力をみせている。花巻温泉の開発の経緯は、佐々木幸夫『花巻温泉物語（増補）』に詳しい。それによれば、この開発は、大正一一年（一九二二）から盛岡電気工業社長の金田一国士によって進められ、「東北の宝塚」を目ざしたものであった。金田一は、盛岡銀行頭取・岩手軽便鉄道社長の職にもあり、豊富な資金を活用し、岩手の産業界に君臨した人物である。

花巻温泉は、上流にある台温泉から引湯することによって、計画的に旅館や貸別荘・公衆浴場を配置して建設されたものである。大正一四年（一九二五）には、東北線花巻駅と花巻温泉を結ぶ電気鉄道が開通し、二〇分余で到着できるようになった。動物園・遊技場・講演場・各種商店・テニスコート・スキー場なども設けられて、約二万坪の温泉地が整備され、昭和二年（一九二七）には株式会社花巻温泉の設立をみた。整然と区画された街区が印象的である（図54）。

　このように花巻温泉は多くの資金を費やして開業したが、その新しさゆえに、知名度が低かった。その名を全国的にアピールするために、メディア・イベントを利用したのである。ただし「日本新八景」の選定では、著名な温泉地に八景・二十五勝を譲ることになった。「全国温泉十六佳選」では、花巻は、一二月一九日いち早く特派員を上京させ「必ず第一位」をと余念がなく、その熱心さと機敏さには感心したと報道されている（『国民新聞』昭和四年一二月二〇日）。

　また、花巻のみならず盛岡においてもイベントに対し盛り上がりをみせた。「どうしても第一位をと決意をかため温泉関係の商人連

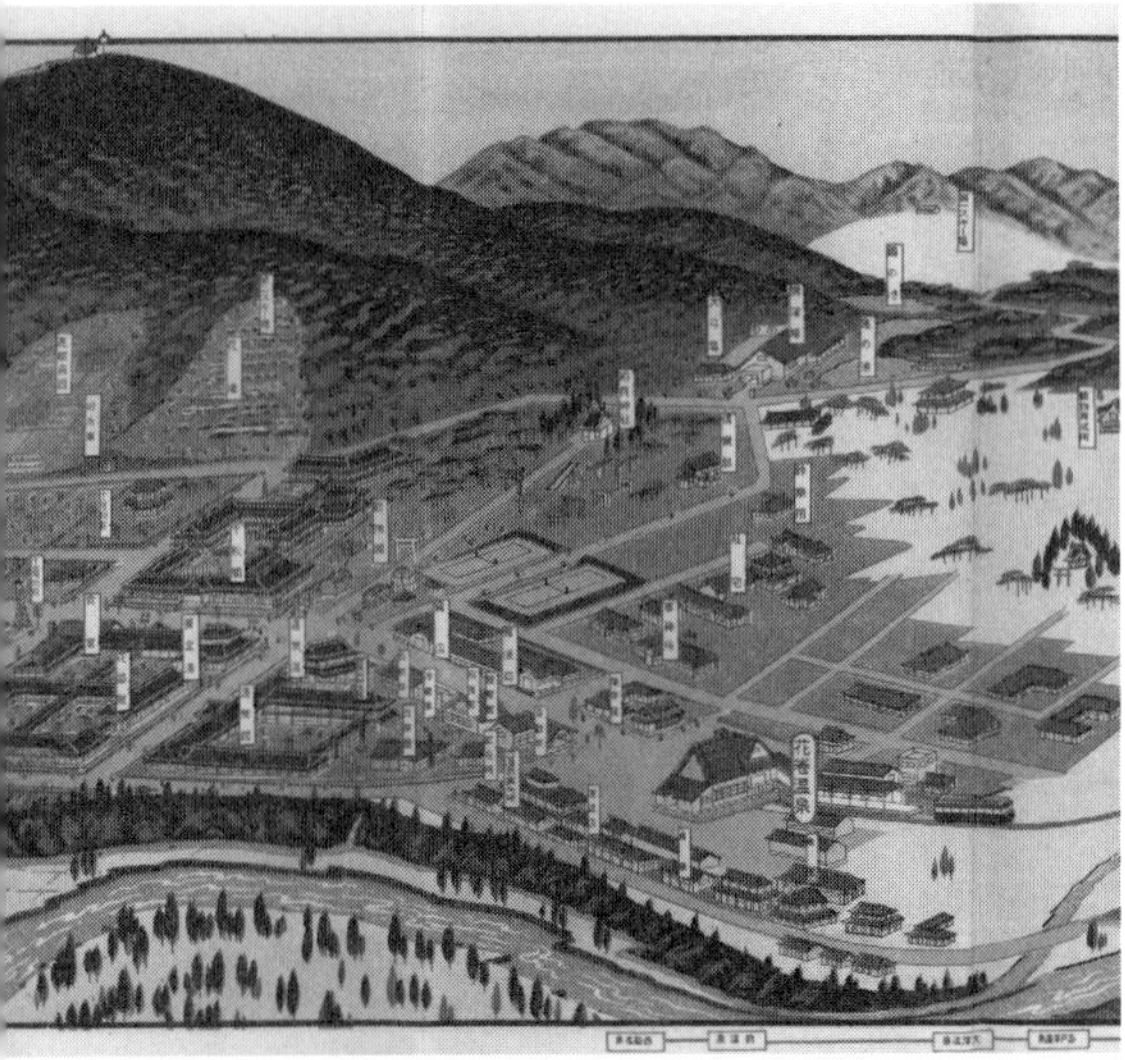

当選　花巻温泉」（部分）
株式会社花巻温泉発行

図54　「日本八景最高点
昭和3年（1928）

の活躍は勿論、盛岡市でも中村市長や香取検事正、生津裁判長まで投票の集中に大力こぶをいれてゐる、盛岡花街、八幡、本町の阿嬌連は、お座敷そつちのけの姿で応援してゐる」（『国民新聞』昭和五年三月六日夕刊）。

　こうして第二位で入選した花巻では、それを感謝して、三月一〇日から三か月間、各旅館すべて一割引、花巻温泉電車も二割引にする謝恩デーが設けられた。三月二〇日発行の附録「温泉十六佳選紹介号」には、三面にわたり各地の紹介記事が掲載されているが、最後の四面は広告となっている。この紙面では花巻が最も大きなスペースで目立っており、宣伝に力を入れていたことが理解できる（図55）。

図55　花巻温泉の広告
『国民新聞』昭和5年（1930）3月20日附録

●老神温泉

二九万票近くを集めて七位で入選した老神温泉は、上越線沼田駅から東へ約一六キロメートルの距離にある。ここでは、大正八年（一九一九）に源泉を管理する老神温泉株式会社が設立されている。当時の状況をみると、浴客百名を収容できる家屋二棟を設け、宿屋を兼業するとあって（『全国温泉鉱泉ニ関スル調査』一九二三年）、地方の小さな湯治場であった。昭和初期には、上之湯元館・下之湯元館に加え、老神館・朝日館・上田館・末広館・山口館などの宿泊施設が整うが、「温泉は其川原の中に湧出てゐるので、湯壺は岩を繰り抜いたり、石で堰いたりして、其上に『バラック』式の屋根を被せてあるばかり、頗る原始的で素朴……湯壺は三ヵ所あるが皆混浴である」と、箱根や熱海のみを知っている人が唖然とする「百千年の昔」そのままの共同浴場が使用されていた（『日本温泉案内　東部篇』昭和五年／一九三〇）。老神温泉は「交通不便のため世人に訪はれること極めて少く霊験卓効も一部近郊の者の占有する所」といわ

図56　老神温泉における入選祝賀会の記念写真
桑原美幸氏提供

れていたのである（『国民新聞』昭和五年三月一一日）。

このようなローカルな温泉が、どのようにして上位入選を果たしたのだろうか。一月二〇日の紙面では、老神は第一回の圧倒的進出で一躍十六佳選の上位を占め、地元ではさらに第二回の奇襲を計画、王座を奪ってあっといわせる意気込みで着々準備とある。その翌日にも、関係者は各方面に活動し、三位を目標に近く会社当局者は上京すると伝えている（『国民新聞』一月二一日）。

さらに三月三日の紙面には、絶えず陰の人となり力を入れていた同地関係の東京市会議員はゴールに近づくとみるや、敢然表面に現れ猛烈なる運動を始めたとあって、東京にも有力な後援者がいたことが理解できる。そして、「四日午前八時前橋駅発で桑原社長等十四万票を携へて上京し在京後援会と呼応して東京下谷区中根岸に事務所を設け東京某市会議員の五万票其他を一纏めにして投票し一気に当選を期することゝなつた」という記事には（『国民新聞』三月四日)、地元関係者と東京の後援会が協力しながら、最終日の投票に備える様子が伝えられている。

結局、この大量票が効いて、上位入選にいたったわけである。こうした人々の活動のあり方を推測できる一枚の写真が残されている。図56は、入選祝賀会のときに撮影された記念写真である。最前列の左から三番目に座るのが、桑原武都雄・老神温泉株式会社社長で、「全国温泉十六佳選」において中心となって活躍した人物である。

人々の背後には「国民新聞社主催温泉投票寄附者」の札が掲げられている。それらをみていくと、上段右から、「一、金壹百円也　社長桑原武都雄殿」「一、金壹百円也　老神温泉株式会社重役一同」と続き、上段の三二枚の札のなかでは、三円の寄附者が一二人と最も多い。下段左の四枚にも一円五〇銭、七五銭の寄附金が記されており、すべてを合計すると、六三五円二五銭となる。この時の官製ハガキの値段は一・五銭であるので、それで換算すれば四二、三五〇枚分の寄附金が集まっていたことがわかる。また、下段右端の札は人と重なって「一、参」の文字しか判別できないが、二枚目の上部には「一、五千」、三枚目からは「一、壹千五百枚」「一、壹千枚」とみえるので、これらは、寄附されたハガキの枚数を示していると判断される。また寄附者の氏名の横には、沼田町・前橋市といった地名が付されたものがあるので、地元の人々が中心になりつつも、後援者の援助も欠かすことができなかったことがわかる。

●大室温泉

二三万票余を集めて一四位に入選した大室温泉は、上越線上牧駅から約二〇〇メートルのところに位置する。今日の上牧温泉のもとになった開発は、大正一五年（一九二六）の利根川左岸における深津謙三の掘削に始まる。これは利根温泉と呼ばれ、当初は露天風呂として無料で開放され、翌年に旅館辰巳館が開業された。しかし、昭和三年（一九二八）八月に、大室乙弥が対岸において掘削して温泉の利用を始めると、一方の利根温泉の自噴が止まってしまい、紛争が生じた。協議の結果、双方に分湯することとで決着した（『古馬牧村史』一九七二年）。大室温泉とは、開発者である大室の名をとったものである。『深津大室温泉問題関係書類』（群馬県立文書館所蔵）に綴られた文書によれば、大室乙弥は明治八年（一八七五）生まれで、住所は東京市神田区となっている。したがって、新興の一軒宿の温泉が入選した事例となる（図57）。

この旅館には、温泉付きの離れがつくられており、文人や政治家などの著名人、新婚旅行客などに利用されて賑わったという。鉄道省の『温泉案内』をみても、宿料が比較的高額

図57　大室温泉旅館の全景
利根郡温泉組合「群馬県利根郡温泉分布図」昭和5年（1930）より

郷鳥瞰図」（部分）
泉分布図」昭和５年（1930）より

で、行楽・保養向きの温泉と位置づけられていた。ちなみに昭和六年（一九三一）版では「大室温泉・利根温泉」と併記されているが、昭和一五年（一九四〇）版では、二つの旅館をあわせて「上牧温泉」となっている。大室温泉旅館は、昭和一五年頃に東京の貴金属商の手に渡って、経営者が交代しているため、大室乙弥についての詳細は不明である。おそらく、東京の事業家で、昭和三年（一九二八）一〇月に上越南線が水上まで延長されることをふまえて、投機的に温泉を開発したものと考えられる。昭和五年三月二〇日の『国民新聞』には、「附近は空地多く既に今日では地価も十倍二十倍の騰貴を見てゐる有様で……大室氏は約二万坪の土地を安価に分譲して温泉地の繁栄を図るため旅館を開業する者や別荘地の希望者に便宜を与へると云ふ」と報じられている。ただし、この計画が実現した形跡はみられない。「全国温泉十六佳選」への投票も、格好の宣伝の機会と捉え、個人的な人脈や財力を用いたと推察される。これまでのところ、地元の人々との直接的なつながりは確認できていない。

老神温泉や大室温泉が積極的に「全国温泉十六佳選」に

図58　「大利根温泉
利根郡温泉組合「群馬県利根郡温

加わった背景には、昭和六年（一九三一）の清水トンネル開通を間近にしていたことが大きいと考えられる。すなわち、上越線の全通を大きな発展の機会と捉えて、メディア・イベントを利用したのであろう。利根郡温泉組合は、昭和五年（一九三〇）七月に「群馬県利根郡温泉分布図」を発行している。これには、表に温泉の分布図、裏に温泉郷の鳥瞰図と各地の旅館案内が掲載されている（図58）。図中には、すでに清水トンネルが記入されており、温泉と旅館だけでなく、乗合自動車の発着所、各地の史跡・名勝やスキー場の位置も示されている。また、老神温泉と大室温泉の案内文には、「全国十六温泉推薦投票」に当選して、天下にその名を知られたと記されている。

交通機関の発達によって、旅行が大衆化し、山間の温泉地にも都市からの行楽客が訪れるようになった。それとともに、多くの観光地が宣伝を始めて、激しい競争を展開した。各地の温泉地も、新旧大小にかかわらず、宣伝が必要とされ、それが白熱した「全国温泉十六佳選」への投票をもたらしたといえよう。

コラム3 温泉マークの起源とその普及

温泉マークの起源には諸説がある。一つは、近世の秣場争論の時に作成された裁許絵図にみられる温泉の描写を最古とするものである。この争論は上磯部村と中野谷村（現在の群馬県安中市）との間で万治四年（一六六一）に生じた（『安中市史　第五巻』二〇〇二年）。**図59**にあるように、上磯部村の北西に、長く伸びた湯煙の出ている二か所の浴場が描かれている。今日でも磯部温泉では温泉マークの発祥地をうたっており、記念碑も建てられている。とはいえ、明治一九年（一八八二）に出版された『磯部鉱泉繁盛記』に付けられた「磯部鉱泉地細見」という地図をみると、鉱泉は「井」で表されており、ずっと温泉マークを使い続けていたわけではない。

図59　万治四年（1661）の裁許絵図（部分）
群馬県立歴史博物館所蔵

もう一つは、参謀本部測量課（のちの陸地測量部）

作成の地図に初めて使われたというものである。明治一七年（一八八四）から測量が開始された「仮製二万分一地形図」の図式として、世界的名記号といわれる「逆さクラゲ型」の温泉記号が制定された（『測量・地図百年史』一九七〇年）。この記号は同時期に作成された「輯製二十万分一図」にも採用されている（**図60**）。

また、別府の亀の井ホテルの経営者・油屋熊八が温泉マークを考案したともいわれている（『別府市誌』一九八五年）。しかし、彼が別府で旅館経営を始めたのは明治四三年（一九一〇）であり、地図記号制定のほうがずっと早い。したがって、これはアイディアあふれた宣伝活動で知られる油屋熊八をめぐる伝説の一つといえよう。

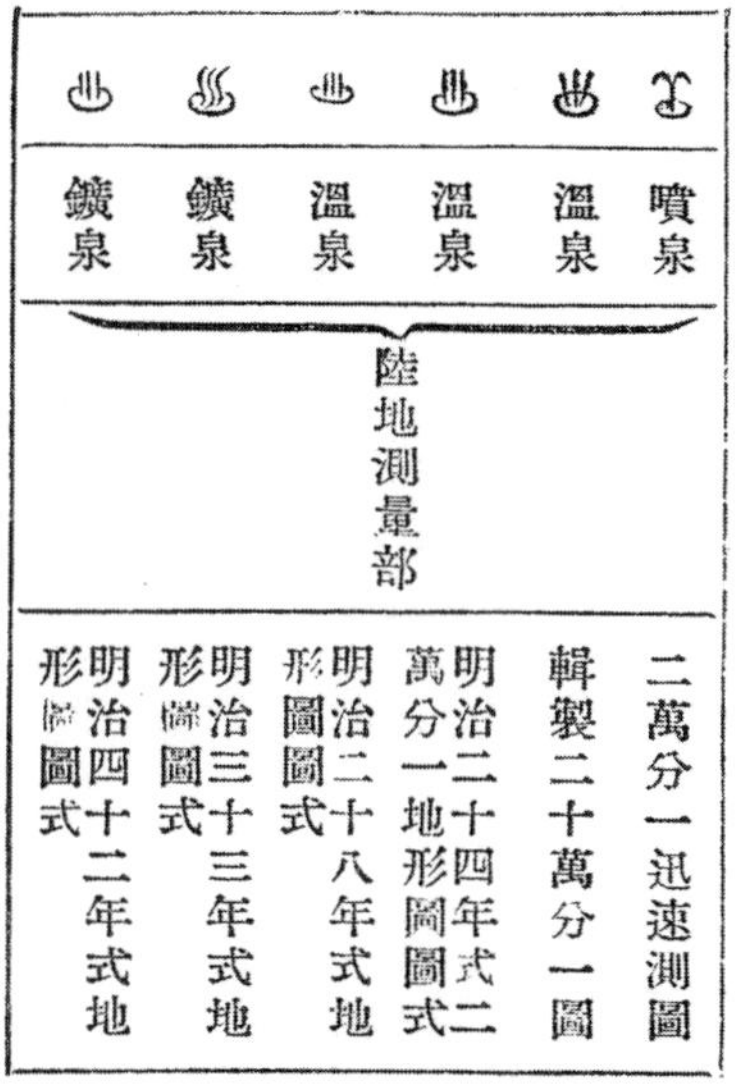

図60　温泉記号の変遷
高木菊三郎「温泉記号の地図的表現」
『温泉』10－9、昭和14年（1939）より

以下では、『測量・地図百年史』を参照しつつ、地図に使われてきた温泉記号について取り上げたい。近代的な測量にもとづく地図における温泉記号としては、内務省地理局による「測絵図譜」のものが最も古い。この温泉記号は、純日本式に創案されたもので、人工の浴槽より

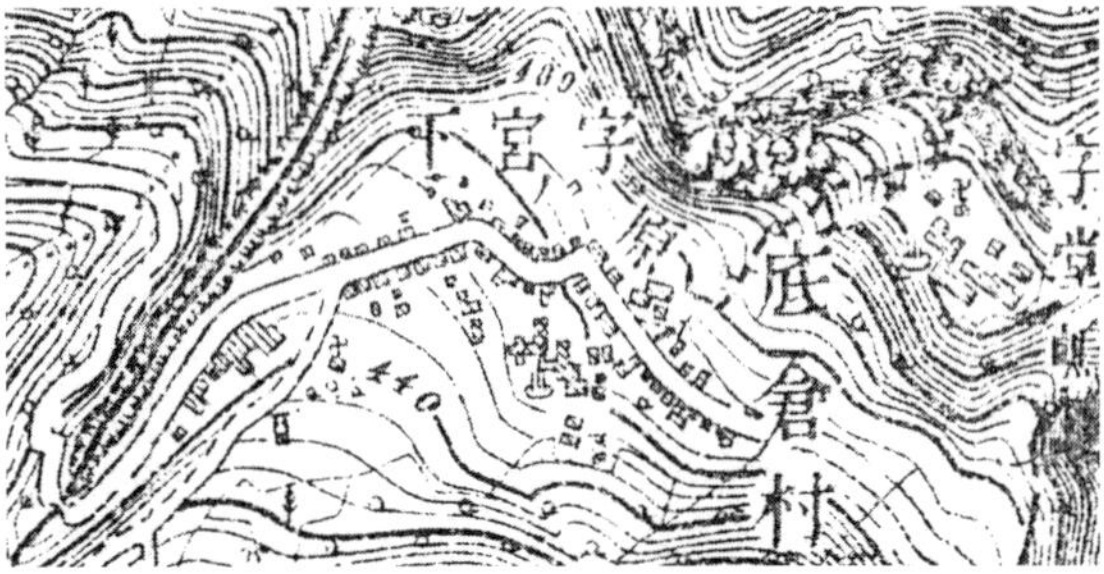

図61　箱根宮ノ下・堂ヶ島の二万分の一地形図
（2倍に拡大）
明治19年（1886）測図・明治20年（1887）製版「畑宿」

湯気を発している状態を表している。縮尺五百分の一から五千分の一の「測絵図譜」は、明治一一年（一八七八）に制定されている。

参謀本部測量課では、二万分の一の縮尺で、明治一三年（一八八〇）から関東の平野部、明治一七年（一八八四）から関西の平野部において測量を開始した。前者の迅速測図記号、後者の仮製地形図記号とも、図式（記号の一覧表）の制定年は明確でないが、明治二〇年（一八八七）製版のものが残されている。関東の迅速地形図では、温泉の記号はなく、噴泉の記号があるのみであった。一方、関西の仮製地形図において初めて「逆さクラゲ型」温泉マークが用いられた。ただし、この記号は温泉の湧出口における噴騰の状態を表しているのであって、湯気の出ている状態に変わるのは、明治二四年（一八九一）式の記号からという（高木菊三郎「温泉記号の地図的表現」一九三九年）。とはいえ、小さな記号を比べてみても、微妙な表現の違いはよくわからない。なお、明治三三年（一九〇〇）制定の図式から記号の名称は「礦泉」となり、それは明治四二年（一九〇九）と大正六年（一九一七）における図式の改訂でも継承されている。

それでは、最も初期に製版された「正式二万分一地形図」記載の温泉マークの記号の実例をみよう。「正式」とは三角測量にもとづいて測図された地図を指す。**図61**によれば、箱根宮ノ下と堂ヶ島の二か所に、それぞれ温泉マークが確認できる。しかし、その記号は目立っているとはいえないし、凡例も地形図の中に示されていないので、こうした図だけで温泉マークを認識するのは難しいかもしれない。地形図中に凡例が記載されるのは明治四二年式のものからである。ちなみに、宮ノ下の温泉マーク付近にある建物が富士屋ホテルで、道路の向かいの建物が奈良屋旅館である。宮ノ下では明治一六年(一八八三)に大火があったので、測図された明治一九年(一八八六)は復興・発展途上の時期であったといえる。その後、富士屋ホテルと奈良屋旅館は外国人観光客獲得のために激しい競争を繰り広げ、明治二六年(一八九三)には、富士屋ホテルが外国人客、奈良屋旅館が邦人客を専門とするという協定が結ばれている(富田昭次『ホテルと日本近代』二〇〇三年)

次に、五万分の一地形図記載の温泉マークの例として、**図62**に日光湯元を取り上げた。山間地の測量は都市部と比べて遅れたので、この大正元年(一九一二)の地形図が初版である。この図にある温泉マークのほうがやや大きく、識別しやすくなっている。当時の奥日光は、明治四三年(一九一〇)に日光電気軌道が日光駅から岩ノ鼻駅まで開業したところで、そこから中禅寺湖畔までの坂道を経て湯元にいたるには、二五キロメートルほどを人力車・駕籠・徒歩で移動せねばならなかった。

全国的な地形図の刊行が温泉マークの定着と二次的な利用の促進に与えた影響は大きかったと考え

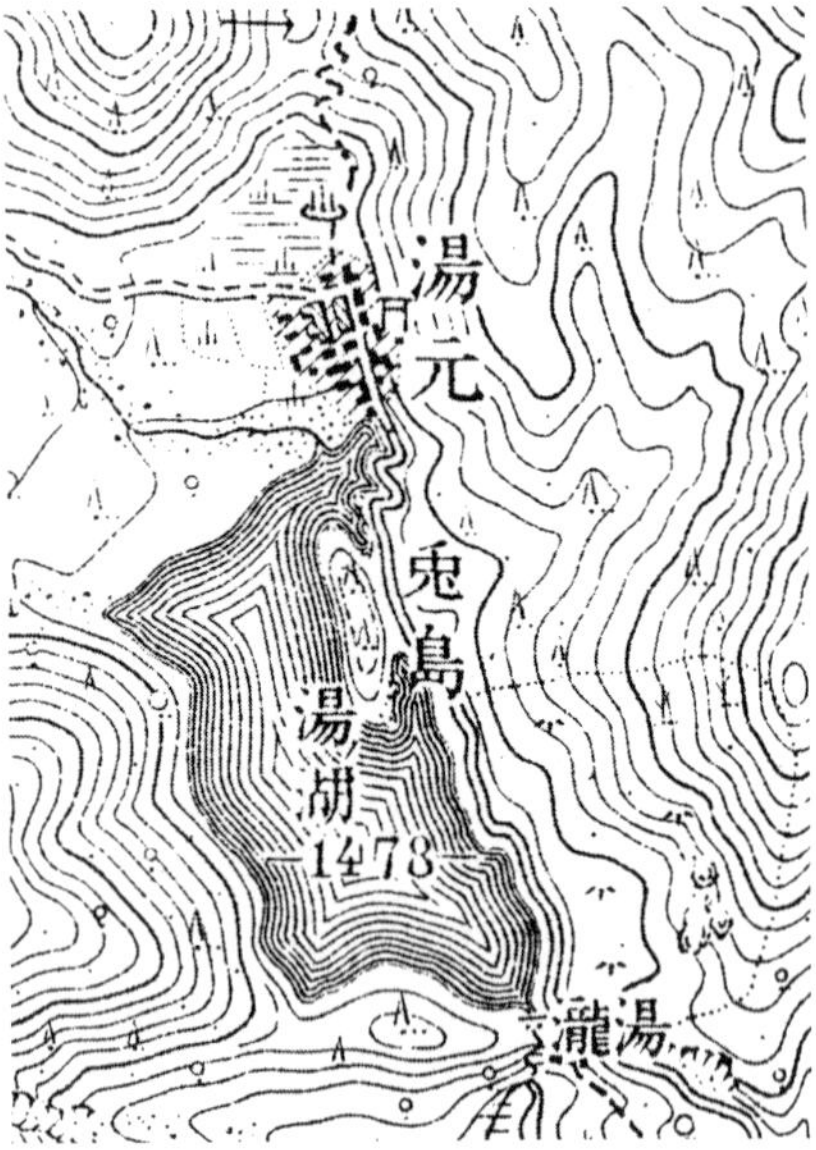

図62　日光湯元の五万分の一地形図
（２倍に拡大）
大正元年（1912）測図・製版「男体山」

られる。民間のガイドブックに収録されている地図で温泉マークが使われているものとしては、明治三〇年（一八九七）の『塩原温泉紀勝』が早い例である。また、明治三三年（一九〇〇）の『別所温泉誌』の案内図でも温泉マークが確認できる（**図23**）。さらに、鉄道院が明治四二年（一九〇九）に編纂した『鉄道院線沿道遊覧地案内』に付けられた鉄道路線図の凡例には、公園・滝・神社・寺院・山・海水浴・名所古蹟・古戦場・納涼地とともに温泉が列挙されており、その記号には温泉マークが使用されている。このような官製ガイドブックでの温泉マークの利用も加わって、次第に各地の温泉組合や旅館の案内パンフレットには、必ずといっていいほど温泉マークが取り入れられるようになり、圧倒的な利用をみるにいたったといえよう。

5 昭和前期の温泉ブーム

「温泉地の旅館は元来湯治を目的としたものから次第に遊山、行楽、慰安、保養等を主なる目的とする様に変じて来た。この事実は旅館がさうさせるのではなくて、時代、世相がかくさせるのである。大正より昭和にかけて特にこの傾向が著しくなつたかの観がある」（平山嵩「温泉建築」昭和一六年／一九四一）という。

本章では、東京の周辺地域を事例として、鉄道院・鉄道省編纂の『温泉案内』の記載内容を分析することによって、どのような温泉地が遊山・行楽・慰安・保養を主とした旅行目的地へと変容したのかをみたい。

1　東京周辺の温泉地への交通手段

●交通機関の充実

昭和初期における交通手段革新のポイントとして、鉄道の電化・複線化などの進展によって輸送量が増大したこと、乗合自動車の普及によって最寄り駅から温泉地への移動が容易になったことがあげられよう。

鉄道の輸送量については、前掲**図10**に示したとおりである。このうち国有鉄道の輸送人キロについては、昭和六年（一九三一）以降は定期客が四分の一余りを占めている。また昭和一二年（一九三七）以降、輸送人キロが急増しているが、この年を一〇〇とすると、昭和一九年（一九四四）には普通客二三六、定期客三四六となっており、通勤通学客の輸送量の伸びのほうが大きい。とはいえ、普通客の輸送量も増加を続けていたのである。

次に**図63**によって、人力車・乗用馬車・乗用自動車の台数の推移をみたい。人力車は明治初期に急速に普及し、鉄道へと接続する重要な移動手段となった。そのピークは明治二九年（一八九六）の約二一万台で、その後は減り続けている。乗用馬車の最も多かったのは大正五年（一九一六）の八九七六台で、それ以降は減少に転じた。これらに代わって普及したのが乗用自動車であ

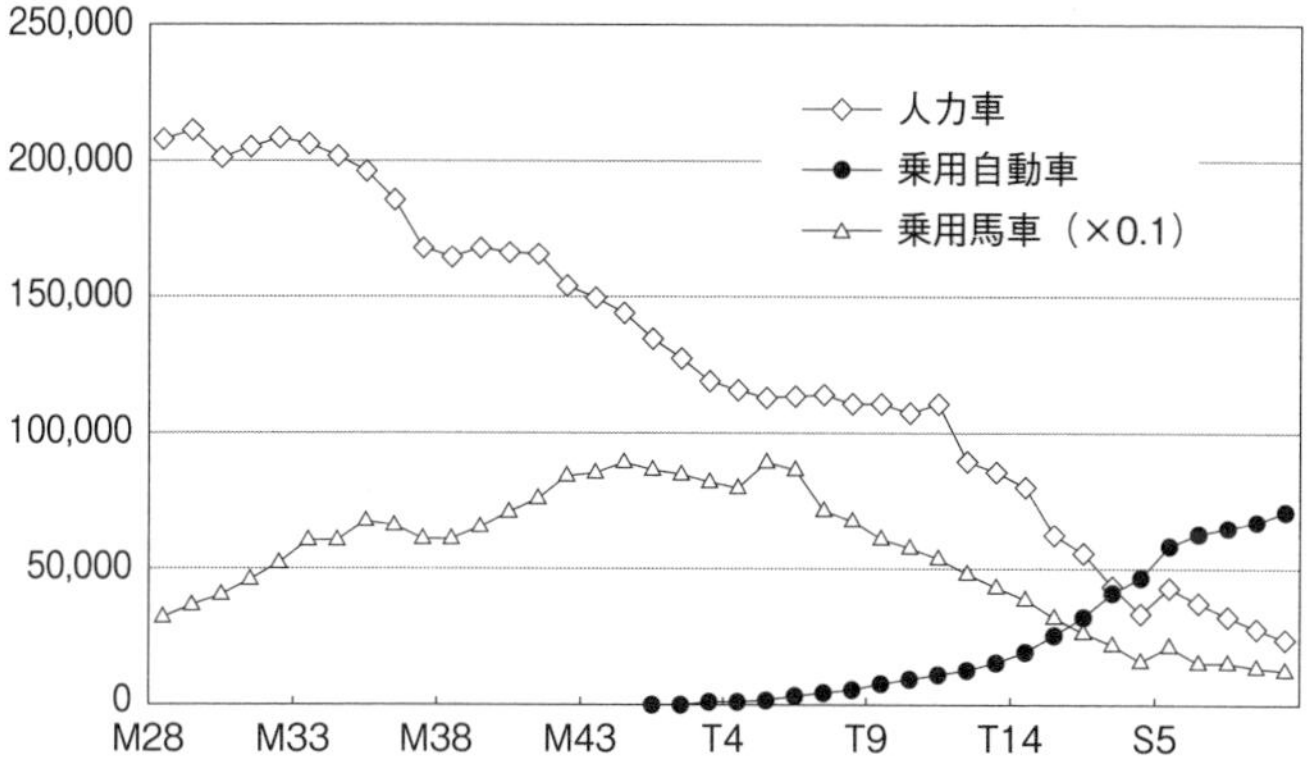

図63　人力車・乗用馬車・乗用自動車の台数の推移
『日本長期統計総覧』第２巻より作成

り、大正一〇年（一九二一）には八〇〇〇台、昭和二年（一九二七）には三万台を超え、昭和に入って急増していることがわかる。

さらに**図64**によって、温泉地にいたる鉄道網を確認しておこう。最初の『温泉案内』が編纂された大正九年（一九二〇）当時には、東海道本線（現在の御殿場線経由）、信越本線、高崎線、東北本線、常磐線、両毛線、日光線、足尾線などの国有鉄道を軸に、東武鉄道も伊勢崎、桐生、佐野方面へと路線を伸ばしていた。

群馬県では、高崎・前橋から渋川までの軌道が明治四三年（一九一〇）に電化されており、同年には渋川と伊香保を結ぶ伊香保電気軌道も開業した。軽井沢からは、大正四年（一九一五）に草津軽便鉄道が部分開業し、大正一五年（一九二六）に電気鉄道として全線開通した。上越線は清水トンネル貫通によって

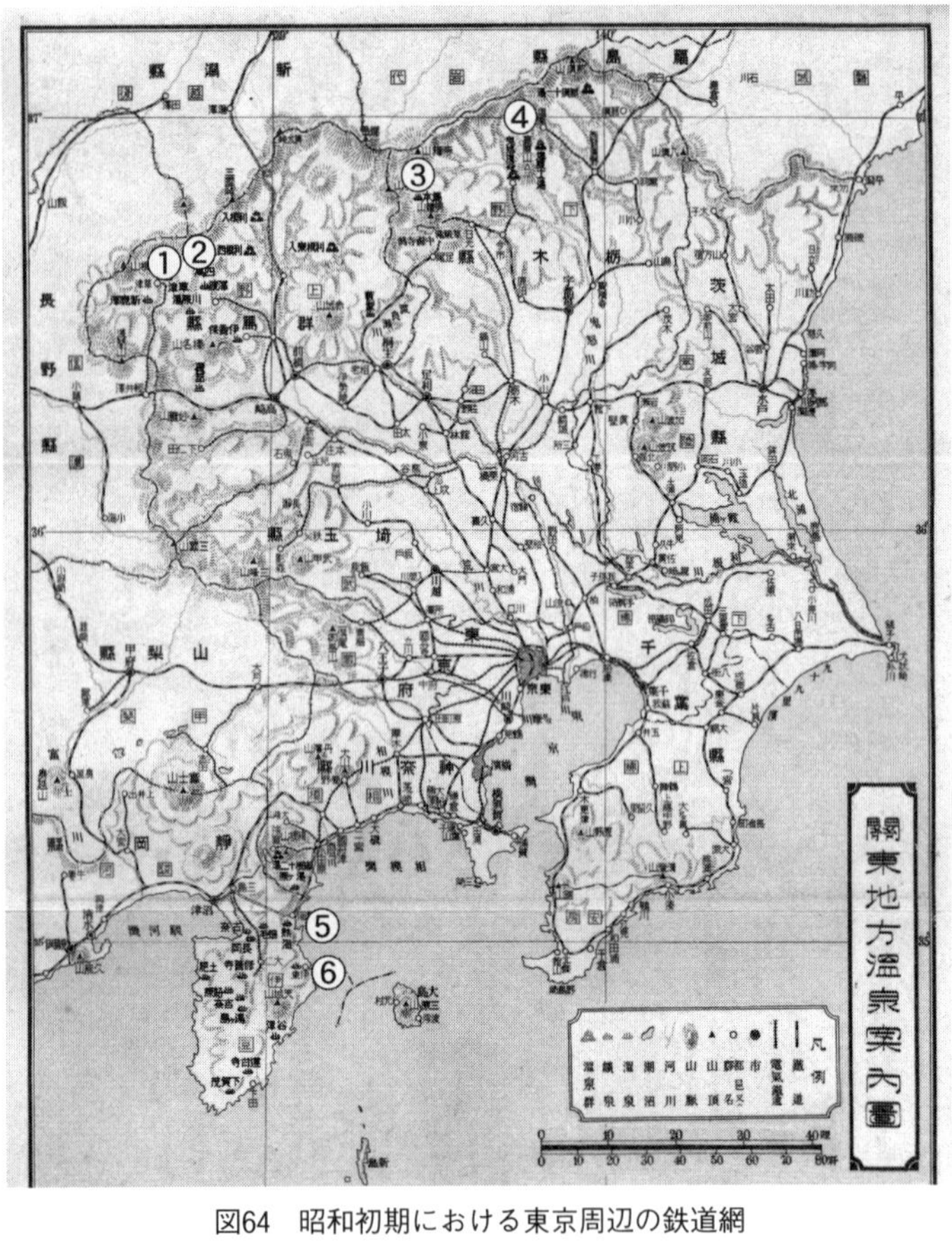

図64　昭和初期における東京周辺の鉄道網

①草津 ②四万 ③日光湯元 ④塩原 ⑤熱海 ⑥伊東

凡例とスケールは移動した。

基図は大日本雄弁会講談社編『日本温泉案内　東部篇』昭和５年（1930）より

昭和六年（一九三一）に水上〜越後湯沢間が結ばれたが、それ以前は、大正一〇年（一九二一）に渋川まで、大正一三年（一九二四）に沼田まで、昭和三年（一九二八）に水上までが運行されていた。

栃木県では、明治四三年（一九一〇）に日光電気軌道が日光駅前〜岩ノ鼻間を開業、大正二年（一九一三）に馬返まで延長された。また、下野軌道（のちの下野電気鉄道）が大正八年（一九一九）に今市から藤原まで開業し、昭和四年（一九二九）には新高徳と矢板を結んだ。さらに同年には、東武鉄道日光線が全線開通し、日光・鬼怒川方面への鉄道網が充実した。塩原へは、塩原軌道が大正四年（一九一五）に西那須野〜新塩原間を結び、大正一〇年（一九二一）には電化され、翌年に塩原口まで延長された。

箱根へは、国府津〜小田原〜湯本間が明治二一年（一八八八）に馬車鉄道として開業、明治三三年（一九〇〇）には電気鉄道の営業が始まった。さらに大正八年（一九一九）には強羅に至る登山鉄道が開通した。新宿と小田原を結ぶ小田原急行鉄道の開通は昭和二年（一九二七）である。

伊豆へは、三島からは、豆相鉄道が明治三二年（一八九九）に大仁まで開業した。その後、駿豆鉄道となり、大正八年（一九一九）に全線電化、大正一三年（一九二四）に修善寺まで延長されている。小田原〜熱海間では、明治四〇年（一九〇七）に人車鉄道から蒸気機関による運転に切り替わったが、大正一二年（一九二三）の関東大震災による被害で営業停止となった。それに代わるように、国鉄熱海線が大正一四年（一九二五）に熱海まで開業した。丹那トンネルの貫通によって、

表12　東京周辺のおもな温泉地への交通手段の変化

① 草津	A	軽井沢駅…草津軽便鉄道嬬恋駅…馬車1.50円／馬１人乗り２円、２人乗り３円
	B	軽井沢駅…草津電気鉄道草津温泉駅
	C	軽井沢駅…草津電気鉄道、2.76円…草津温泉駅…自動車0.15円 軽井沢駅…直通自動車３円、ハイヤー 20円 渋川駅…自動車3.40円、ハイヤー 25円
	D	渋川駅…省営バス1.65円 軽井沢駅…草軽電気鉄道２円…草津温泉駅…バス0.30円 軽井沢駅…バス1.50円、貸切自動車20円
② 四万	A	高崎駅…電車、並等0.35円、特等0.54円…渋川 前橋駅…電車、並等0.30円、特等0.54円…渋川 渋川…乗合自動車1.60円…中之条 渋川…電車0.11円…鯉沢…馬車鉄道0.70円…中之条 中之条…馬車、片道１円、往復1.80円／乗合自動車３円、貸切自動車13円／人力車
	B	渋川駅…電車0.60円／自動車0.80円…中之条…自動車1.80円／馬車0.60円 渋川駅…直通自動車2.50円
	C	渋川駅…直通自動車1.80円 渋川駅…電車0.60円…中之条…自動車１円
	D	渋川駅…直通バス0.95円 渋川駅…省営バス…中之条…バス0.30円
③ 日光 湯元	A	日光駅…人力車4.50円／電車0.41円／乗合自動車１円…馬返 馬返…人力車…中禅寺湖…馬車0.60円／人力車３円／駕籠２円
	B	日光駅…電車0.41円、自動車0.70円…馬返 馬返…人力車3.60円／乗合自動車1.50円、貸切７円…中禅寺湖…乗合自動車１円、貸切５円 日光駅…貸切自動車15.50円
	C	日光駅…電車0.40円／自動車0.50円…馬返 馬返…乗合自動車１円、貸切７円…中禅寺湖…乗合自動車0.70円、貸切5.50円 日光駅…貸切自動車12円
	D	日光駅…バス２円、貸切自動車10円
④ 塩原	A	西那須野駅…塩原軌道、並等0.55円、特等0.85円…新塩原駅…馬車／人力車 西那須野駅…貸切自動車12円
	B	西那須野駅…塩原電車、並等0.79円、特等1.02円…塩原口駅…自動車／馬車／人力車 西那須野駅…自動車1.40-1.50円、貸切自動車10円
	C	西那須野駅…塩原電車0.50円…塩原口駅…自動車／馬車／人力車 西那須野駅…自動車１円
	D	西那須野駅…省営バス0.43—0.75円
⑤ 熱海	A	国府津駅…小田原電鉄、並等0.15円、特等0.30円…小田原…大日本軌道熱海駅、三等0.79円 国府津駅…貸切自動車18円／汽船、並等0.95円
	B	熱海駅…自動車0.20円、貸切大型1.50円、貸切小型１円／人力車0.50円 東京霊岸島…汽船、一等5.14円、二等2.99円、三等1.49円
	C	熱海駅…自動車0.15円、貸切大型1.20円、貸切小型0.70円
	D	熱海駅…バス0.10円、貸切0.70円

⑥ 伊東	A	三島駅…駿豆鉄道大仁駅…乗合自動車2.50円／高等馬車7.20円、乗合馬車１円／人力車５円
		国府津駅…汽船、特等2.05円、並等1.65円
		国府津駅…小田原電鉄…小田原…大日本軌道…熱海…汽船、特等1.15円、並等0.75円
		東京霊岸島…汽船、特等3.05円、並等２円
	B	三島駅…駿豆鉄道修善寺駅…自動車2.70円
		熱海駅…自動車1.70円、貸切14円／汽船、二等1.67円、三等0.79円
		東京霊岸島…汽船、一等6.94円、二等3.99円、三等2.69円
	C	熱海駅…自動車1.20円、貸切大型８円、小型６円
		三島駅…駿豆鉄道修善寺駅…自動車1.50円
	D	伊東駅…バス0.10円、貸切0.60円
		熱海駅…バス0.80円
		三島駅…駿豆鉄道修善寺駅…自動車1.15円

A：大正９年（1920）　B：昭和２年（1927）　C：昭和６年（1931）　D：昭和15年（1940）
各年次の『温泉案内』より作成

東海道本線が熱海経由となるのは、昭和九年（一九三四）のことで、図64では未成線となっている。国鉄伊東線が全通するのは、昭和一三年（一九三八）を待たねばならない。

●温泉地へのアクセス

続いて『温泉案内』記載の交通案内から、東京周辺の温泉地へのアクセスがどのように変化したのかをみたい。草津・四万・日光湯元・塩原・熱海・伊東の六か所の温泉地を事例として、表12にまとめた。それぞれの位置は図64に示した。

草津へは、大正九年には、嬬恋駅からの移動は馬車か馬に頼っていたが、草津電気鉄道の開通によって、軽井沢からの直通が可能になった。そして、昭和六年には、軽井沢と渋川からの自動車の案内が加わっている。昭和一五年には、渋川駅から省営バスが二時間半で草津まで運び、軽井沢から約三時間かかる鉄道よりも優位にたつようになった。

四万への移動は、大正九年には、電車で渋川まで行き、そこから電車・馬車鉄道・自動車などを利用して中之条に至り、さらに人力車・馬車・自動車を乗り継いで四万に到着した。昭和二年になると、渋川から電車または自動車で中之条に行って自動車を乗り継ぐか、渋川からの直通自動車を使うかの二つにまとめられている。その記載順位は昭和六年版において逆転した。さらに昭和一五年版では、東京電燈渋川～中之条間（旧吾妻軌道）の廃止にともない、バスの案内のみになっている。

日光湯元へは、大正九年当時、馬返～中禅寺湖間は人力車しか案内されていない。中禅寺湖から先は、馬車・人力車・駕籠の便が利用できた。昭和二年になると道路の改修が進み、全線で自動車を使うことができるようになっている。昭和六年と昭和一五年では、自動車の案内がほとんどを占めるようになり、その料金はむしろ低下していることに注意したい。

塩原では、大正九年当時から塩原軌道と自動車が競合していた。この後、塩原軌道は電化されたが、昭和一〇年（一九三五）には廃業にいたった。終点の塩原口から大網までは二キロメートルほどの距離で近いが、古町までは約六キロメートル、新湯《あらゆ》までは約一五キロメートルの距離があるので、路線延長が容易なことも自動車路線が勝ち残った要因であろう（図65）。昭和六年には古町までしか自動車の便がなかったが、昭和一五年になると、西那須野から大網・福渡戸・古町・新湯などを経て、川治・鬼怒川へ向かう省営バスが運行されている。こうして塩原では、『金色夜叉』の「貫一」が人力車で通って来た道も……今では二十二人定員の大型バスが二十粁の

図65　「日光塩原連絡遊覧名所交通鳥瞰図」（部分）
日光自動車株式会社発行のもので、日光と塩原を結ぶバスが大きく描かれている。
吉田初三郎「日光塩原御案内」昭和４年（1929）より

道を四十分ばかりで、日に何回となく往復」するようになり、道中の渓谷をかつてのように鑑賞することができなくなった。そこで、その不満を癒すべく塩原探勝の遊覧馬車が準備された（静間和江「那須と塩原」昭和七年／一九三二）。つまり自動車の時代になって、古風な馬車が遊覧用に再び活用されたのである。

熱海へは、大正九年には、東海道本線国府津駅から鉄道を乗り継ぐか、自動車か汽船を利用して移動せねばならなかった。その後、大正一四年（一九二五）の国鉄熱海駅開業によって、東京からの直通が可能となる。ただし昭和二年には汽船の案内がまだみられる。そして昭和九年（一九三四）には東海道本線が熱海経由となり、東海・関西方面から客を迎えることも容易になった。

伊東では、明治中頃に下田に向かう航路の寄港地となったのが、初めての定期的な交通機関であった。大正九年には、駿豆鉄道大仁駅から陸路を移動するか、東京・国府津・熱海から汽船を利用するよう案内されている。昭和二年には熱海からも自動車が入るようになっているが、汽船利用も残されている。昭和六年になると、熱海と修善寺からの自動車の案内だけになり、昭和一五年には、国鉄伊東線開通の情報が加えられている。

このように交通手段の改善によって、昭和初期には、東京から各地の温泉地へ一日で容易に移動できるようになった。山間の温泉地でも、朝早く東京を発てば、夕方には宿に着くことが『温泉案内』でしきりに強調されており、湯めぐりの行楽的要素が強まったのである。

2 『温泉案内』による温泉地の分析

●『温泉案内』に示された「特色」

昭和六年版の『温泉案内』の例言には「従来の温泉利用の情態を見ると療養を目的とするものと、行楽遊山を主とするものとの二者あるが、その多くは行楽的のもので中にも交通至便の温泉場は、都会に於ける狭斜の巷の延長とも見られるものが少なくない。よつて利用者の便を図り『特色』の欄を設けて知り得る限り之を色別けせんことに努めた」とある。すなわち、それぞれの温泉地ごとに、「療養」と「行楽」のどちらの傾向が強いのかを区分し、「特色」として掲げようとしたのである。これは大正九年版・昭和二年版にはみられない情報であった。

また、巻末には効能一覧表が掲載され、効能ごとに全国各地の温泉地が検索できるよう工夫されている。ちなみに、その効能とは「脳病・神経痛・リウマチス・胃腸病・呼吸器病・中風・脊髄病・皮膚病・子供の疳・婦人病・痔疾・脚気・性病・火傷・外傷・眼病・精神病・腎臓病・咽喉病・子宝・色を白くする湯」と並んでおり、多種にわたる病気から子宝・色白に効果がある湯まで、とても幅広い。さらに一覧表には「温泉情調、避暑、避寒、読書、海水浴、登山準備、スキー、スケート、花の名所、紅葉」の項目もある。『温泉案内』では、温泉の効能だけでなく、避暑・海水浴・登山・スキー・スケートなどを新たなツーリズムの構成要素として重視していたことがわかる。

一方、昭和一五年版の例言では、「従来の温泉利用の情態を見ると療養を目的とするものと、保養や慰安を主とするものとに大別される。よつてこれら利用者の便を図り、特色欄を療養向、保養向、慰安向にわけて見た」と変化している。この版では「行楽」に代わって「保養」と「慰安」が使われ、巻末の効能一覧表の項目名も「温泉情調」から「保養・慰安」に変更された。

以下の表は、『温泉案内』の特色欄と巻末の効能一覧表のうち「温泉情調」以下の項目を取り上げて、それぞれの温泉地の特色をまとめたものである。特色の組み合わせは、記載順にしたがっ

表13 『温泉案内』にみる温泉地の特色の変化—群馬県—

温泉名	市郡	A	B	昭和6年(1931)	昭和15年(1940)
磯部*	碓氷	○	○	療養	療養・保養
霧積	〃	○	○	療養	療養
鉱泉沢*	〃		○	療養	療養
湯沢*	〃			療養	〈記載なし〉
伊香保	群馬	○	○	療養・行楽・避暑・(スケート)	保養・療養・避暑・(スケート)
総社*	〃		○	療養・夏季行楽	療養・夏季保養
草津	吾妻	○	○	療養・行楽・(温泉情調・スキー)	保養・療養・(スキー)
四万	〃	○	○	療養・(避暑)	療養・保養・避暑
川原湯	〃	○	○	療養・(紅葉)	療養・保養・(紅葉)
沢渡	〃	○	○	療養	療養
鹿沢	〃	○	○	療養・(避暑)	療養・保養・(避暑)
大塚*	〃		○	療養	療養
鳩ノ湯	〃		○	療養・(読書)	療養
川中	〃		○	療養	療養
松ノ湯	〃		○	療養	療養
万座	〃			療養・避暑・(登山準備)	療養・避暑・(登山準備)
香草	〃			療養・紫外線療養	療養・紫外線療養
花敷	〃			療養	療養
新鹿沢	〃			〈鹿沢の項に記載〉	保養・療養・(避暑)
尻焼	〃				療養
薬師	〃				療養・(読書)
老神	利根		○	療養	療養
湯宿	〃		○	療養	療養
湯原	〃		○	行楽・療養	保養・療養
湯檜曽	〃		○	療養・(避暑・スキー)	保養・(避暑・スキー)
川場	〃		○	療養	療養
谷川	〃		○	療養・行楽・(避暑・スキー)	保養・療養・(避暑・スキー)
法師	〃		○	療養・(避暑・読書)	療養・(避暑・読書)
穴原	〃		○	療養	療養
湯島	〃		○	療養・(避暑・読書)	療養・(避暑・読書)
湯ノ小屋	〃		○	療養・夏季登山・(避暑)	療養・夏季登山・(避暑)
宝川	〃		○	療養・(避暑)	療養・避暑
川古	〃		○	療養	療養
上牧	〃			行楽・療養	保養
白根	〃			療養	療養
笹ノ湯	〃			療養	療養
大穴	〃				保養
丸沼	〃				療養・保養
関場	〃				療養
片品	〃				療養
奈女沢*	〃				療養
藪塚*	新田	○	○	療養・行楽	保養・療養

西長岡＊	〃	○	○	行楽・療養	保養・療養
梨木＊	勢多	○	○	療養・（避暑・読書）	療養・（避暑）
湯ノ沢	〃				療養・避暑
滝沢＊	〃				療養・避暑
八塩＊	多野		○	療養	療養
錦山荘＊	高崎				保養

A 欄には大正 9 年版（1920）、B 欄には昭和 2 年（1927）版に採録されているものに○を付した。
特色欄の（ ）の記載は巻末の効能一覧表から抜粋。温泉名は昭和15年版を基準とした。
＊は鉱泉と示されているもので、『温泉案内』では加熱して浴用とするものをいう。

た。表をみながら『温泉案内』の各版で、どのような温泉地が採録されているのかを確認しつつ、特色欄の分析を進めていきたい。

●群馬の温泉地

大正九年版では「鉄道から余りに離れた温泉、旅館の設備の無い温泉」などは採られていない。そのため、群馬県では一一か所（再建中の鹿沢を含む）が記されているにすぎなかった（**表13**）。鹿沢の項では、大正六年（一九一七）に旅館一つを残して烏有に帰し、目下再建中とある。

昭和二年版になると、記載された温泉地は三〇か所と急増した。とくに、群馬県北東部を占める利根郡での新規の記載が目立つ。ただし、まだ木賃宿しかないところもみられ、「利根郡には、あまり人の行かない温泉が多数ある。これ等は兎ても都人士を満足させるやうな設備はないが、居心地も好いし、経済的でもあり、又風光美にも捨て難い味がある。従て静養を目的とする人や、勉強などに出掛ける人には恰好であらう」と紹介されている。

昭和六年版では、三七か所となり、吾妻・利根両郡の温泉地がさらに増加している。「かやうな奥地であるにもかゝはらず、温泉巡りには可なり自動車を利用することが出来る」とあって、上牧（この版には大室・利根と並記）のほか、白根・香草・花敷などが加わっている。三七か所の温泉地のうち、療養のみを特色とするものが一七か所と約半数を占めた。そして、療養を初めに掲げ、行楽や避暑・スキーなどを組み合わせている温泉地も一七か所と同数である。反対に、行楽に療養を組み合わせているのは、湯原（のちの水上）・上牧・西長岡の三か所にすぎない。前の二つは、上越線の開通によって興隆した温泉地である。

昭和一五年版では、さらに増加して四七か所となった。これらの温泉地うち、療養のみが二〇か所、療養を主とするものが一六か所、保養を主とするものが八か所、保養のみが上牧・大穴・錦山荘の三か所となった。この間に、保養を特色とする温泉地の割合が高くなっていることがわかる。伊香保や草津などでも、療養と保養の記載順位が逆転している。昭和一五年版の草津の項には、ここはこれまで純湯治場のように思われていたのであるが、最近は遊覧地としての施設も整っており、冬はスキーの適地としても知られていると紹介されている。また、伊香保の項では、伊香保に遊ぶものは必ず榛名山に登るのを常とするとあって、昭和四年（一九二九）に開通したケーブルカーに言及している。

●栃木の温泉地

大正九年版では、日光湯元・塩原一〇湯・那須七湯の一八か所（宿のない元湯と塩釜を含む）が掲載されている（**表14**）。塩原の元湯の項には、昔は浴客群衆繁盛な地であったが、万治二年（一六五九）の震災で、人家・温泉が崩壊して住民が離散し、現在の有様になったとの記述がある。昭和二年版では二二か所に増加し、鬼怒川流域の鬼怒川・川治・湯西川や大正一二年（一九二三）に大丸から引湯して開発された新那須が記載された。日光湯元の項には「一帯の風光『日本の瑞西』の評高く、春の石楠花、野州、八汐つゝじ、秋の紅葉美、冬のスキー、スケート何れも興を添へてゐる」との記述がみられ、行楽地として通年化した状況がうかがえる。

昭和六年版では、二五か所と三か所の増加にとどまっている。これらの温泉地のうち、療養のみを特色とするのは北の一か所しかなく、療養に行楽などを組み合わせているのが一七か所と最も多くなっている。行楽を主とするものは日光湯元など六か所あり、新那須では行楽のみが特色として掲げられている。このように、群馬県と比べて、栃木県では行楽を特色とする温泉地が目立っている。塩原の項では、古来「塩原十湯」と称していたが、近年、袖ヶ沢を加えたこと、古町・門前が塩原温泉中最も繁華で都会化したところであること、福渡戸は大旅館が軒を連ねてすべて内湯であることなどが記述されている。那須の項では、旭・八幡・飯盛・新那須を加えて那須十一湯となっており、湯本が最も殷賑なところとある。

表14　『温泉案内』にみる温泉地の特色の変化―栃木県―

温泉名	市　郡	A	B	昭和6年(1931)	昭和15年(1940)
日光湯元	上都賀	○	○	行楽・療養・避暑・登山探勝	保養・療養・避暑・登山探勝
大網	塩谷	○	○	療養・行楽	保養・療養
福渡戸	〃	○	○	行楽・療養	保養・療養
塩釜	〃	○	○	療養・行楽	保養・療養
塩ノ湯	〃	○	○	行楽・避暑・療養	保養・療養・避暑
畑下戸	〃	○	○	療養・行楽	保養・療養
門前	〃	○	○	療養・行楽	療養・保養
古町	〃	○	○	療養・行楽	療養・保養
須巻	〃	○	○	療養・行楽	療養・保養
新湯	〃	○	○	療養・登山・スキー・(読書)	療養・登山・スキー
元湯	〃	○	○	療養・避暑・(読書)	療養・避暑
袖ヶ沢	〃			療養・行楽	保養・療養
鬼怒川	〃		○	療養・行楽・探勝	保養・慰安
川治	〃		○	療養・行楽	保養・療養
湯西川	〃		○	療養・避暑	療養・避暑
川俣	〃			療養・探勝・(登山準備)	療養・探勝・(登山準備)
八丁	〃				療養
日光沢	〃				療養
湯本	那須	○	○	療養・行楽	保養・療養
高雄股	〃	○	○	行楽・避暑・療養	保養・療養・避暑
弁天	〃	○	○	療養・避暑	療養・避暑
大丸	〃	○	○	行楽・療養・避暑	保養・療養・避暑
北	〃	○	○	療養	療養・避暑
三斗小屋	〃	○	○	療養・避暑・登山・(読書)	療養・避暑・登山・(読書)
板室	〃	○	○	療養・(温泉情調)	療養
新那須	〃		○	行楽	保養
八幡	〃			行楽・療養・避暑	保養・療養・避暑
旭	〃				療養・避暑
郭公	〃				療養
飯盛	〃				療養

A欄には大正9年版(1920)、B欄には昭和2年(1927)版に採録されているものに○を付した。

図66　鬼怒川温泉の鳥瞰図（部分）
松井天山「大日光国立公園候補地鬼怒川渓谷温泉郷鳥瞰」昭和6年（1931）より

昭和一五年版では、三〇か所となった。奥日光の八丁・日光沢とも山小屋式の宿があって、野天風呂であるという。表にあるように、療養のみが五か所と増えている。ただし板室以外の四か所は、この版になって新たに掲載されたものである。そして、療養を主とするものが一一か所と減少したのに対して、保養を主とするものは一三か所と倍増した。保養のみは新那須の一か所で、交通至便で展望や設備がよいので、急激に発展して湯本に次ぐ温泉場となり、多くの別荘地が開発されたと記されている。全体として、保養を特色とする温泉地の割合が高まっている。なかでも鬼怒川では、療養・行楽・探勝となっていた特色が、保養・慰安へと変化している。鬼怒川の項には、鬼怒川渓谷に沿って宏壮な旅館が建ち並んでおり、旅館からは渓流が怪石奇石に激しつつ曲流するのを眺めることができ、鬼怒川温泉の名も昭和になってつけられてもので、「下野電鉄の営業によつて浴客は激増し現在では一年間に約二十万の客があるやうになつた」と、その急速な発展ぶりに言及している（図66）。

図67　箱根の案内図
箱根振興会発行のリーフレットより

表15　『温泉案内』にみる温泉地の特色の変化―箱根―

温泉名	市郡	A	B	昭和６年(1931)	昭和15年(1940)
湯本	足柄下	○	○	行楽・(温泉情調)	保養・慰安
塔ノ沢	〃	○	○	行楽・(温泉情調)	保養・慰安
宮ノ下	〃	○	○	行楽	保養・慰安
底倉	〃	○	○	行楽	保養・慰安
堂ヶ島	〃	○	○	行楽・療養	慰安・保養
木賀	〃	○	○	行楽	保養・慰安
芦湯	〃	○	○	行楽・療養	慰安・保養
小涌谷	〃	○	○	行楽・(桜の名所)	保養・慰安・(桜の名所)
強羅	〃	○	○	行楽・(温泉情調・避暑)	保養・慰安・(避暑)
姥子	〃	○	○	行楽・療養	慰安・保養
仙石原	〃	○	○	行楽・(避暑)	保養・慰安・(避暑)
元箱根	〃				保養
湯河原	〃	○	○	行楽・療養・(温泉情調)	慰安・保養
広河原	〃				慰安・保養
門川	〃				慰安

A 欄には大正 9 年版(1920)、B 欄には昭和 2 年(1927)版に採録されているものに○を付した。

●箱根の温泉地

箱根では大正九年版から昭和六年版まで一一か所と変化がない（表15）。このほか同じ郡内には湯河原が位置する。江戸時代に「箱根七湯」と称されたのは湯本・塔ノ沢・宮ノ下・底倉・堂ヶ島・木賀・芦ノ湯で、明治・大正期に新たに温泉地が開かれて、「箱根十二湯」となった。十二湯のなかでは湯ノ花沢の記載がない。大正九年版には「箱根ほど交通機関の利用せられて居る処は少ない、……自動車で山中を駆け廻ることの出来るのは、只この箱根山ばかりである。自動車の外には馬車もあり、人力車は無論のこと、古を偲ぶ駕籠もあり、外人向きのチーアもある」と記す。「チーア」とは、椅子に二本の柄をつけて四人で担ぐ乗り物チェアのことである。

昭和六年版をみると、行楽を主とするものが九か所、行楽のみが三か所と、すべての温泉地で行楽を特色としている。療養を加えているのは、堂ヶ島・芦ノ湯・姥子・湯河原だけである。この当時、東海道本線は国府津から「箱根の外輪山をぐるぐる一周して、三島に向つて走る」御殿場経由であった。案内では、仙石原から乙女峠や長尾峠を越えて御殿場に向かう道中からみた富士山の優麗な姿が強調されている。

昭和一五年版では、箱根で一か所、湯河原近傍で二か所が加わったが、他の地域と比べると変化は少ない。それだけ早くから開発が進んでいたためであろう。そして、療養を特色に加えているところは一か所もなく、保養を主とするものが八か所、保養のみが元箱根の一か所となった。

さらに目立つのは、慰安を特色とする温泉地の存在である。特色欄に慰安が記されていないのは元箱根のみで、慰安を主とするところが増加している。

●伊豆の温泉地

伊豆では大正九年版・昭和二年版とも一七か所が記載されている（**表16**）。大正九年版には「奥伊豆一帯の地は、交通の便が十分に開けて無い為め、都人士の影を見ることが少ないが、学生達や旅行好の人達が、草鞋がけで山水を跋渉《ばっしょう》しながら静に温泉に浸るには恰好な地」とある。

昭和六年版では「現在では自動車道路が発達し、沿岸を巡航する汽船の便と相俟って殆んど徒歩を要しないで湯めぐりが出来るやうになつたので……遊覧を兼ねての浴客が次第に増加しつゝある」とある。**図68**でも「療養と遊覧に適する温泉郷」とうたっている。ただし温泉地の記載は嵯峨沢と峰の二か所が加わったにすぎない。一九か所の温泉地のうち、療養のみか療養を主としているところが一三か所、行楽のみか行楽を主とするところが六か所となっており、箱根と比べれば療養を特色とする温泉地の割合が高くなっている。また、避寒と海水浴を特色に加えているところが多い。

昭和一五年版では、河内から引湯した下田、峰から引湯した今井浜・見高などの東海岸の温泉地や、半島中央を流れる狩野川流域の韮山・大仁・月ヶ瀬など、新たに一〇か所が記載された。

表16 『温泉案内』にみる温泉地の特色の変化―伊豆―

温泉名	市郡	A	B	昭和6年(1931)	昭和15年(1940)
熱海	熱海	○	○	行楽・(避寒・海水浴・梅の名所)	慰安・(避寒・海水浴・梅の名所)
伊豆山	〃	○	○	行楽・(避寒・海水浴)	慰安・保養・(避寒・海水浴)
網代	〃				保養
伊東	田方	○	○	行楽・療養・(温泉情調・避寒・海水浴)	慰安・保養・(避寒・海水浴)
畑毛	〃	○	○	療養・行楽・(避寒)	保養・慰安・(避寒)
古奈	〃	○	○	療養・行楽・(避寒)	保養・慰安・(避寒)
長岡	〃	○	○	行楽・療養・(避寒)	慰安・保養・(避寒)
修善寺	〃	○	○	療養・行楽・(避寒)	保養・慰安・(避寒)
船原	〃	○	○	療養・行楽	保養
土肥	〃	○	○	療養・(避寒・読書・海水浴)	保養・療養・避暑・避寒・(読書・海水浴)
吉奈	〃	○	○	療養・(避寒)	保養・療養・(避寒)
湯ヶ島	〃	○	○	療養・(避寒)	保養・(避寒)
嵯峨沢	〃			療養	保養
三島	〃				慰安・保養
韮山	〃				慰安・保養
大仁	〃				慰安・保養
矢熊	〃				保養
月ヶ瀬	〃				保養
熱川	賀茂	○	○	療養・(避寒・読書・海水浴)	保養・避暑・(避寒・読書・海水浴)
谷津	〃	○	○	療養・(避寒)	保養・避暑・(避寒)
湯ヶ野	〃	○	○	療養・行楽・(避寒)	保養・(避寒)
河内	〃	○	○	行楽・(避寒)	保養・(避寒)
蓮台寺	〃	○	○	行楽・(避寒)	慰安・保養・(避寒)
下賀茂	〃	○	○	療養・行楽・(避寒)	保養・慰安・(避寒)
峰	〃			療養・(避寒)	保養・避暑・(避寒)
片瀬	〃				保養・避暑
見高	〃				保養・避暑・(避寒)
今井浜	〃				保養・避暑
下田	〃				保養・慰安

A欄には大正9年版(1920)、B欄には昭和2年(1927)版に採録されているものに○を付した。

昭和一三年（一九三八）の伊東線全通の前後、伊豆では「毎年どこかに一つや二つ新温泉の湧かぬことはなく、温泉旅館の新築されぬことはなかった」という（酒本麟吾「新版伊豆温泉風景」昭和一四年／一九三九）。酒本の報告には、片瀬では昭和七年に温泉が湧いてから温泉宿が四軒できたこと、見高では北海道登別の旅館経営者が温泉旅館を建てたこと、大仁では帝国産金興業が金山経

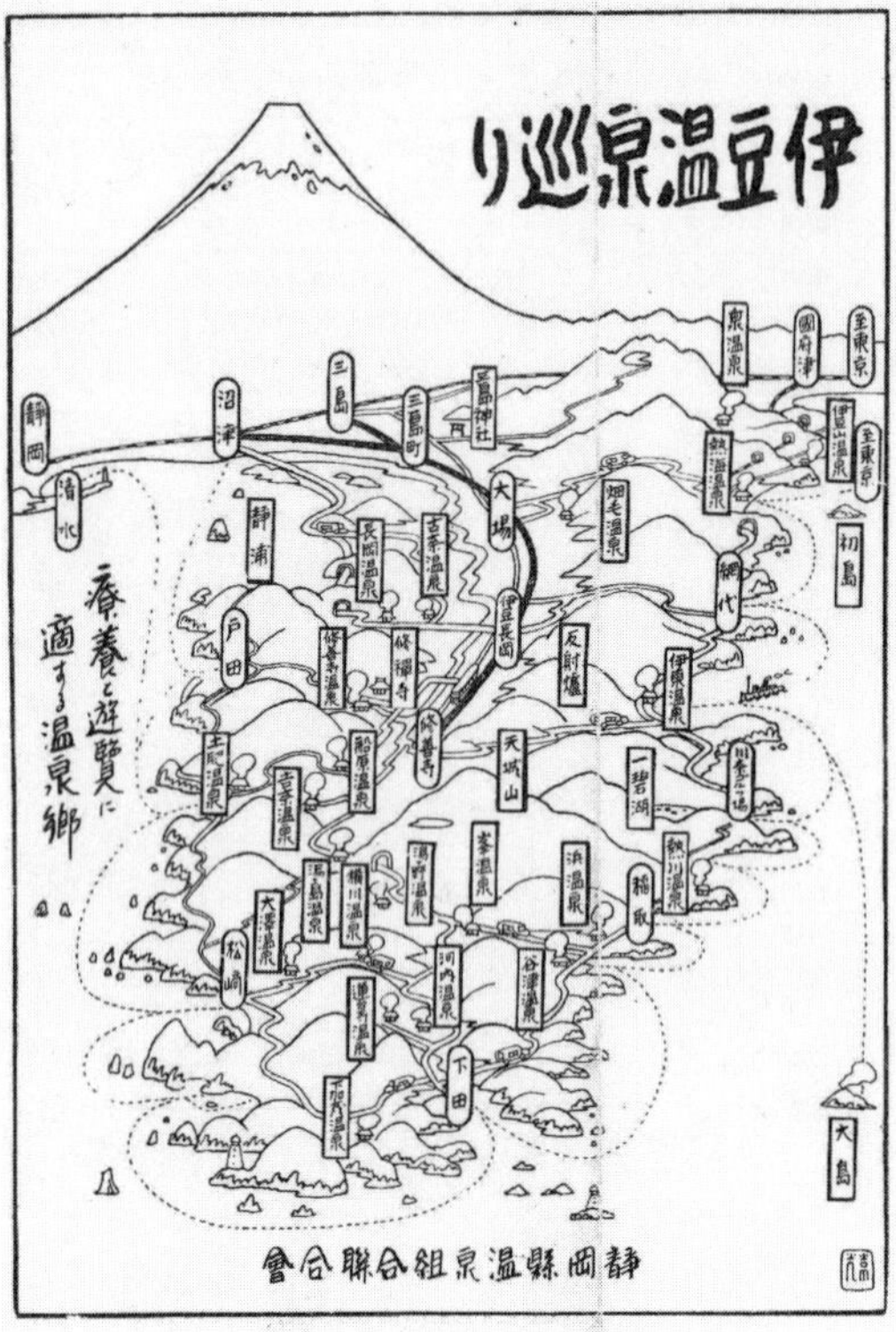

図68　伊豆温泉巡り
昭和６年(1931)静岡県温泉組合聯合会発行のリーフレットより

営の副産物として温泉を掘り当てたことなどが記されている。そして、昭和一五年版にある二九か所の温泉地のうち、療養を特色に加えているものは土肥と吉奈のみで、保養を主とするところが一六か所と最も多く、保養のみが五か所、慰安を主とするところが八か所となった。新興の温泉地でも、交通至便な三島・韮山・大仁では、慰安・保養の組み合わせとなっている。

●地域による「特色」の違い

『温泉案内』に新たに記載された温泉地は、群馬・栃木ではより山間に位置している。こうした場所が脚光を浴びたのは、登山やハイキング、スキーなどの流行とも関係している。たとえば、水上駅ができた頃、草葺き屋根の旅人宿であった湯原・小日向も現在では立派な温泉郷になり、四季を通じて満員、とくにまるきり客のなかった冬は押すな押すなの盛況ぶりで、これもスキーの盛んになった賜と報告されている（山野旅四郎「ジャンプの水上温泉」昭和一〇年／一九三五）。『温泉案内』でも、草津白根山、尾瀬、日光白根山、鬼怒川渓谷、那須岳などへの登山・探勝や各地のスキー場が紹介されている。一方、伊豆では、新たな源泉の掘削や引湯によって開発された温泉地が多い。これは掘削や引湯の技術の向上にともなって可能になったといえる。

特色欄の分析からは、群馬県の温泉地では、多くが伝統的な湯治の要素を残しており、療養を特色とする温泉地が中心であったのに対し、栃木県の温泉地では、大半が行楽や保養という特色

図69　旅館の広告　『温泉大鑑』昭和10年（1935）より

を強めていたことが理解できた。さらに箱根と伊豆の温泉地では、療養を特色とするところが昭和一五年版では大きく減少し、保養・慰安が大半を占めるようになっていた。

ここで、昭和一〇年（一九三五）刊の『温泉大鑑』に掲載された旅館の広告をみてみよう（図69）。図の左が草津のものである。「御療養本位」「湧出口直接内湯」というコピーを掲げる草津館は、当時、客室一八、収容数四〇～六〇人の中規模旅館であった。それに対し「本館は御遊覧　御静養向き　別館は御療養　御滞在向き」「浴室は清潔、大小十数、混浴混雑の煩絶対にありません」というコピーを掲げる一井旅館は、客室六二、収容数二〇〇～四〇〇人の最大手の旅館である。草津を訪れる人々が遊覧客と湯治客とに分化しつつあったことが、旅館の形態にも現れている。また、右下は川治温泉ホテルのもので、当時、客室一二三、収容数三八〇〜五〇〇人という大きな規模をもっていた。「大自然岩崖風呂五ヶ所を独占し内湯は随所に浴場を設備す」「大広間仕切無し百三十畳舞台付」「食堂　娯楽室　大弓場　テニスコート　貸船等」というコピーをみると、いかに諸施設がホテル内に完備されているのかがわかる。

昭和一五年版になって使われている「保養」と「慰安」の区別は、例言に書かれていること以外なにも説明されていない。関東地方の温泉地をみると、保養・慰安向や慰安・保養向とされているところは各地でみられる。しかし、本文中の特色欄において単に慰安向とされているのは、**表13〜16**では熱海・門川のみで、このほかには房総半島に位置する東金・木更津ラヂウム・大貫・佐貫・高崎・大鉄の六つの鉱泉が該当する。日本温泉協会の月刊誌『温泉』にみられる次の記事によれば、「慰安」の意味するところを読み取れよう。

> 房総の鉱泉といへば、直に所謂「つれこみ」向と解されるのは、地元のために甚だとらない処である。温泉と温柔施設とは緊密な関係があるとはいへ、あまりに実際以上に評判されてゐる嫌ひがある。その鉱泉の効能に於ては相当顕著なものがあるのだから、療養行楽何れにも向くことを大いに誇示すべき……。（無署名「温泉往来」昭和七年／一九三二）

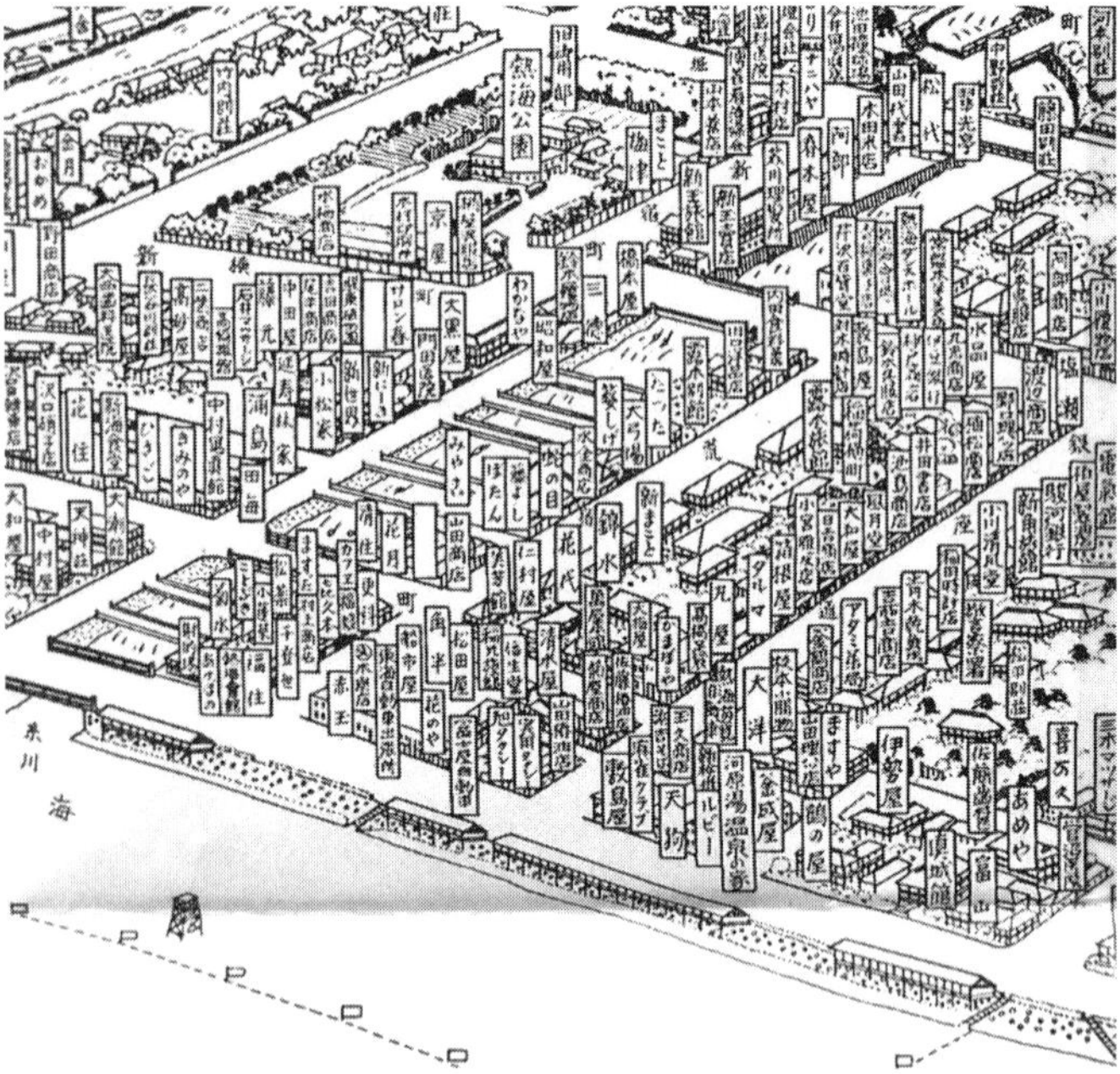

図70　熱海温泉糸川沿いの街並み

昭和７年（1932）「伊豆熱海温泉鳥瞰図」（熱海市立図書館所蔵）より

●熱海の花柳街

満州事変後の一時的な軍需景気もあって、この時期、熱海では「官能的な享楽地としての熱海」が形成されたといわれ（『熱海市史　下巻』一九六八年）、昭和七年（一九三二）には熱海芸妓組合が、翌年には熱海カフェー組合が設立されている。『温泉案内』に示された「慰安」という特色は、享楽遊興色の強さを反映していたと考えられる。

熱海町役場観光課が丹那トンネル開通を記念し、昭和九年（一九三四）に発行した遊覧の手引き『熱海』では、次のように「熱海の花柳街」を案内している。

熱海は目下七十余軒の料理屋には三百五十余の給仕人を抱へ、四十余軒の芸妓置屋には百余名の芸妓あり、其他十数軒の待合ありて四畳半に爪びきの粋な音に遊びを楽しみ、二十余軒のカフエーには五十余の女給ありて親切なるサービスをなす等柳暗化明《(ママ)》（筆者注—柳暗花明、花柳街のこと）の観楽が自由である。就中糸川べりのあたりの荒宿、新宿等は臙脂粉黛《えんじふんたい》の香に匂ひ巫山《ふざん》の夢深く朝にきぬぎぬの別れを惜しむ遊客もある。又宿舎に在つて美形を酒席の間に斡旋せしむるも規定時間内は制限がない。

荒宿は、坪内逍遙が明治四四年（一九一一）に別荘をつくったが、附近の小料理屋から聞こえる夜ごとの喧騒に堪えられず、大正九年（一九二〇）には転居を強いられた場所でもある。さらに国鉄熱海線の開通もあって、この周辺に旅館・料理屋・待合などが増加していた。**図70**において、右上から左下へと流れているのが糸川である。ダンスホール・大弓場・射的場などの娯楽施設とともに、多くの店舗が軒を並べていた様相が読み取れる。このように熱海では糸川沿いが代表的な花柳街として発展したのである。

3　温泉ブームの実態

●学界の権威による現状把握

昭和四年（一九二九）設立の日本温泉協会は、第1章でふれたように、温泉に関する知識の普及、

温泉新日本の
國家的出版愈々完成!!

金言

本書の携帶は强健のエッキスに等し。强健は盡忠奉國の大和精神である。本書を求めざれば人生保壽の久遠の不利。共に働かんとする日本國民の聖典なり。

內容省略解

一、溫泉の定義、溫泉の成因、溫泉の湧出、溫泉の溫度及び成分、溫泉の分布、溫泉の利用、溫泉の堀鑿…（理博…脇水鐵五郎）
二、溫泉の分類…（藥博…衣笠豐）溫泉要覽…（松尾仁）泉質別分類表、地域別分類表…（內務省）
三、適應症と禁忌症…（酒井谷平）入浴法…（東大教授…眞鍋嘉一郎）溫泉飲用療法…（醫博…三澤敬義）溫泉の園藝的利用…（農士…高橋久四郎）溫泉の工學的考察…工博…宮城音五郎）
四、溫泉場の經營…（林博…田村剛）溫泉建築…（東大教授…平山嵩）溫泉場の衞生施設…（醫博…藤浪剛一）
五、內國溫泉法規、外國溫泉法規
六、主要溫泉場入浴客數、收容設備と溫泉場醫師、市町村特別入湯税、市町村溫泉使用料
七、溫泉の信仰篇、同傳說篇、觀の思想と溫泉療法、溫泉神と溫泉神社、溫泉と佛敎、溫泉と土俗、噴泉傳說、發見傳說入湯傳說…（文博…加藤玄智、宮坂光次）
八、主要都市背發別溫泉案內圖、鐵道路線別溫泉案內、臺灣朝鮮、滿洲溫泉案內
附錄＝省線溫泉場連絡自動車賃金及料程早見表、溫泉鑛泉發見年代表…（鐵道省、日本溫泉協會）

一般家庭にどうしても
なくてはならない家庭保健寶典
であり、旅行指針であります。

我が國最初の溫泉總錄です。內務省・鐵道省・斯界の權威の協力に成る　全國の溫泉冷泉の所在分析、適應症、案內等に到る迄一切を載錄す。此一本あれば療養に、保健旅行、ハイキングに凡て事足る。

溫泉大鑑
昭和十年版

定價　貳圓　送料拾四錢
申込即時發送
全九〇〇頁新四六版
布裝美本箱付

図71　『温泉大鑑』の広告

温泉地の発展に貢献することを目的とする半官半民の組織であった。機関誌『温泉』は、昭和五年（一九三〇）年四月から月刊で発行された。そこでは、各地のレポートに加え、源泉保護や温泉権に関する法律的問題、温泉療養に関する医学的問題についても掲載されている。また、協会では、昭和一〇年（一九三五）に『温泉大鑑』、昭和一六年（一九四一）に『日本温泉大鑑』を出版した。『温泉大鑑』は本文八二五頁で、温泉概論・泉質篇・利用篇・設備経営篇・法令篇・統計篇・歴史伝説篇・案内篇の七章と附録からなる。『日本温泉大鑑』はこれを全面的に改訂・増補したもので、一六章と附録で構成され、本文は一二八六頁を数える。

『温泉』誌上に掲載された『温泉大鑑』の広告をみると（図71）、「強健は尽忠報国の大和精神である。本書を求めざれば人生保寿の久遠の不利。共に働かんとする日本国民の聖典なり」と、こ

れが国家的出版であることを強調したコピーとなっている。『温泉大鑑』には、本書の執筆者は、温泉学およびこれに関係深い学界の権威にお願いしたとある。彼らが当時の温泉地をどのように捉えていたのかをみてみよう。

我が温泉地には徳川幕府時代の中頃より醸成せられた遊戯気分が多分にあつて、之に浸たらねば温泉行遊の意を満たさぬ世情となつてゐるから、温泉地にも芸妓置屋が相当に繁昌するも当然であるが、温泉地本来の目的からは、相当の制裁があつて然るべきである。……夜の乱舞は日常の茶事とし温泉地で噪《さわが》しく狂ひ遊ぶこそ真の保養であるとし、人も咎めず我れ自らも戒めざる弊は西洋よりも甚しい。……温泉地の目的からは、今日この弊風を一掃して行かねばならぬ。（藤浪剛一「温泉地の衛生的設備」昭和一〇年／一九三五）

浅虫、花巻、鬼怒川、浅間、山中、下呂等は其自然的環境に就ても見るべきものはあるけれども併《しか》し寧ろ人為の施設に依つて今日の盛大を致したものと言つて決して過言ではない。是等人為の施設の中に、遊蕩的の気分で殊に著名となつて居るものもあるが……何れの温泉場に就てもさうでなければならないと云ふことは決してないと信ずるものであつて、寧ろ今後の施設としては、更に健全な保健、休養、教化上の施設を充実して、我国の温泉利用者の態度を漸次改善して行くべきものではないか。（田村剛「温泉場の経営」昭和一〇年／一九三五）

本書では、温泉地での遊興・享楽に対して苦言を呈し、健全な保養地へと改善すべきという主張が繰り返しみられる。その背景には、中産階級に加えて、大勢の労働者層も息抜きのために温泉地を訪れるようになっていたことがあり、人々を啓蒙する必要性が認識されていたのである。

戦時の人的・物的資源を統制運用するため、国家総動員法が成立したのは昭和一三年（一九三八）のことである。とはいえ、温泉地では、軍需景気も手伝って、賑わいを増したところが少なくなかった。『温泉』一〇巻九月号掲載の「新春温泉景気決算」という記事によれば、昭和一四年（一九三九）の正月は、お天気に恵まれて、各温泉地とも浴客が殺到し、幸先よいスタートを切った。これは軍需インフレの跛行《はこう》景気の波に乗った人々の多いことにもよるが、緊張ばかりが堅忍持久じゃなかろうというので、一般の人々が久しぶりの静養を温泉に求めたことによる、と報告されている。この昭和一四年のデータを含む入浴客数の推移を次にみたい。

●東京周辺の温泉地の入湯客数

表17には、東京周辺のおもな温泉地の年間入浴客数をまとめた。この表から温泉ブームが入浴客数にどのように現れているのかを検討しよう。

まず、大正前期の段階では、伊香保が二三万人に近く、熱海・塩原・那須が一〇万人を超え、伊東・湯河原が八〜九万人、宮ノ下が五万人となっている。なお、草津の入浴客数については、同じ時期の『群馬県統計書』では一五万人前後で推移しているので、『全国温泉鉱泉ニ関スル調

表17　東京周辺のおもな温泉地における年間入浴客数の変化

	大正前期	大正14年	昭和８年	昭和14年	倍　率
温泉名	A.1911-20	B.1925	C.1933	D.1939	D/A
伊香保	227,064	225,037	179,819	238,393	1.0
草津	＊1)7,118	183,478	214,812	315,759	＊4)2.1
四万	10,515	＊2)211,632	121,477	193,313	18.4
万座	3,140		12,106	33,371	10.6
老神	1,232	31,707	31,081	67,609	54.9
水上（湯原）	490		19,288	86,164	175.8
塩原	139,138	122,575	109,726	206,348	1.5
那須	130,025	100,913	203,580	197,279	1.5
日光湯元	12,451	7,464		＊3)457,675	＊5)7.6
鬼怒川（滝）	1,561	2,041		137,311	88.0
川治	1,279	700	27,180	58,691	45.9
湯西川	394	443	7,390	81,010	205.6
湯河原	85,803		171,687	304,663	3.6
宮ノ下	51,230			53,105	1.0
強羅	4,063			100,491	24.7
熱海	165,085	154,386	189,461	474,657	2.9
伊東	94,836	85,065	135,822	379,849	4.0

A：『全国温泉鉱泉ニ関スル調査』、B：『群馬県統計書』『栃木県統計書』『静岡県統計書』

C：『群馬県統計書』『温泉大鑑』、D：『日本温泉大鑑』による。

那須には板室を含む。Bの熱海・伊東は警察署別の入浴客数を示す。

＊1）『群馬県統計書』の数値で大正2-9年の平均を求めると、149,577人となる。

＊2）『群馬県統計書』の数値で前後5年間を平均すると、131,545人となる。

＊3）月別の数値では5月201,470人，10月202,510人とあるが、他の月が多くて10,245人であることや宿泊定員を考えると、21,470人と22,510人の誤記と判断される。その場合には、合計は94,675人となる。

＊4）＊1）の149,577人を適用した数値。

＊5）＊3）の94,675人を適用した数値。

査』には過小な数値が報告されたものと考えられる。これらが東京を中心とする広い地域から入浴客を迎えていた温泉地といえ、それ以外は、近隣の人々が利用する鄙びた湯治場であったといえよう。

大正一四年（一九二五）では、四万と老神の伸びが目立ち、上越南線延長の効果がみてとれる。その後、昭和恐慌の影響で各地の入浴客はかなり減少するが、昭和八年（一九三三）には回復がみられた。そして、日中戦争当初の昭和一二年（一九三七）には温泉地は再び不況に陥るが、温泉報国が提唱されるようになると、昭和一三年（一九三八）後半から急速に客足が戻っていった。

昭和一四年（一九三四）には、伊香保・草津・四万・塩原・那須・日光湯元・鬼怒川・湯河原・強羅・熱海・伊東で一〇万人を超えている。このうち日光湯元は表の注記に示したように、データに誤記があり、九万人台にとどまると判断される。

大正前期からの約二五年間では、湯西川・水上・鬼怒川・老神・川治のように一気に開発が進み、入浴客数が激増した温泉地もあれば、伊香保・宮ノ下のようにいち早く観光地化が進んでいた温泉地では、入浴客数の増減は小さいことがわかる。

さらに、戦時色の強まる昭和八年から昭和一四年への変化をみると、ほとんどが増加傾向にあり、なかでも湯西川一一倍を筆頭に、水上・伊東・万座・熱海・老神・川治では二倍以上の大きな伸びを示していることに注意を払いたい。こうした増加は、鉄道の開通に加え、自動車の普及で容易に山間地まで移動できるようになったことが大きい。軍需景気に乗った都会の人々が、慰安、行楽、保養を求めて温泉地に殺到し、温泉ブームを引き起こしたのであった。

●都会人の占有地

昭和六年版『温泉案内』には「最近『山の湯』と称して山峡に隠れて俗化しない湯を求める傾向が盛んになつて夏季は奥上州辺の寂しい山の温泉も避暑がてら湯治する都会人で満員の有様である」とある。都会の疲れを癒すため鄙びた温泉地を好む傾向は、近年の秘湯ブームを思い起こさせるが、昭和恐慌にともなう急激な社会変動のなかで、都会人＝故郷喪失者にとっては、「山の湯」が「故郷」に対するノスタルジーともつながっていたのではないだろうか。こうして、娯楽施設を備えた温泉地に「遊興」「享楽」を求める人々がいる一方で、「田園遊覧趣味」を懐く人々は、俗化していない「山の湯」に意味を見つけたのである。

このように山間の温泉地が都会人のツーリズムの対象となったことは、農村の人々の湯治の場を奪うことにもつながった。藤浪剛一が陸軍衛生局へ建白し、翌昭和一三年（一九三八）に『医事衛生』に掲載された「時局と温泉の開発・浄化」では、状況を次のように説明する。

温泉を利用して健康を増すことは夙《つと》に農村の人々によつて行はれている。彼業は農閑期を択んで温泉宿に投じ、自炊して十数日より数十日に亘り身を温泉に浸してゐることも毎に見る所である。……しかもその生活程度から自炊式の木賃宿制度が行はれてゐる。是れ経済的にも最も優れた手段である。しかしながら温泉地の交通利便を得るに従ひ、温泉地の人々は自炊者よりも旅籠による者、即ち利益の多い都会人を迎へることを喜び勢ひ自炊者を疎んずることになるのである。都会人は動もすれば質朴簡素なる里人の温泉生活を以て賤しむべきものとなし、彼業を排除して温泉は竟《つい》に都会人の占有に帰せんとする。……更に温泉の風俗崩壊は益々増長し、温泉地は俗化したる繁栄を多とし、所謂エロ気分によつて維持すべき建前を本領とし、町の有力者も行政機関も共に之を賛成しその組織の設置をば寧ろ奨励せんとする趨向《すうこう》にあるのである。

このような認識をもとに、地方青年の健康維持や傷病者の治療のために、藤浪は温泉地の改良の必要性を論じている。戦時下の温泉地の動向については、次章でさらに考察したい。

6　戦時下における温泉地の変容

日中戦争開始後、鉄道省では、国民精神総動員と国民の体位向上という国策に沿った旅行を奨励した。そのため、神社仏閣や建国の歴史を語る聖蹟、英雄・偉人の史蹟などとともに、健康増進に適当な温泉地、心身の鍛練に役立つ大自然が旅行目的地として位置づけられた（西尾壽男「事変下に於ける鉄道省の宣伝方策」昭和一三年／一九三八）。

ファシズム期のツーリズムを検討した高岡裕之によれば、総力戦体制への移行、民衆生活の組織化と統制の強化は、都市文化としてのツーリズムとは本来的に相容れないものであると想定されてきたが、戦時下においてはツーリズムが拡大した局面が存在するという。戦時下のツーリズムを促進させた一つの動きとして、厚生運動の展開がある。この運動を支えていたのは、「人的資源」の維持と生産能率の向上という生産力理論であった。（高岡裕之「観光・厚生・旅行」一九九三年）。ここではまず戦時下における各地の温泉地の動向を概観したい。

1　温泉厚生運動の展開

●昭和一四年の入浴客数

昭和一四年（一九三九）に年間三〇万人以上の入浴客数を数えた温泉地を表18に示した。これによれば、入浴客数の順位では、大正期に引き続いて、山鹿・城崎・道後・別府・湯田・熱海・宝塚が上位にあることがわかる。一方で、下諏訪・上諏訪・嬉野・伊東・草津・湯河原では入浴客数が大きく増加し、この間に順位を上げた。また朝鮮の温泉地として、東莱・温陽の二つが入っている。

これらの温泉地について、昭和一四年の九月と一〇月に刊行された『温泉』掲載の記事を要約しつつ、各地の状況を紹介しておきたい。

時局は未曾有の殷賑を工業地帯に現出させて、伊豆・箱根、上越諸温泉、那須・塩原など、東京鉄道局管内において入浴客が少ないと嘆ずる温泉地は一つもないと言ってよいであろう。入浴客が質的に変化し、今までは中流程度に止まっていたのが、さらに一段と低い階級の人々が増えてきた。彼らは職業的な制約からして、日帰りまたは一泊の温泉行きが多いらしく、登山、ハイキングなどを兼ねたのが多くなった。（原百助「客の質的変化その他」）

上諏訪・下諏訪では、諏訪大社参拝客の増加にともない入浴客の増加が著しい。遊覧団体客は激減したが、高級旅館を希望する個人客が大いに増えてきた。（鈴木恒雄「自粛未だし」）

表18　昭和14年（1939）における入浴客数の多い温泉地

名称	所在地	入浴客数	『温泉案内』特色
山鹿	熊本県山鹿市	2,282,854	保養・療養
城崎	兵庫県豊岡市	1,774,930	保養・療養
道後	愛媛県松山市	1,597,899	保養・慰安
下諏訪	長野県下諏訪町	1,384,409	保養・療養
別府	大分県別府市	1,011,339	保養・慰安
湯田	山口県山口市	903,000	保養・慰安
熱海	静岡県熱海市	474,657	慰安
上諏訪	長野県諏訪市	426,569	保養・慰安
嬉野	佐賀県嬉野市	400,000	保養・慰安
伊東	静岡県伊東市	379,849	慰安・保養
東莱	韓国慶尚南道	378,000	慰安・避寒
温陽	韓国忠清南道	352,048	保養・慰安
宝塚	兵庫県宝塚市	339,022	慰安・保養
草津	群馬県草津町	315,759	保養・療養
湯河原	神奈川県湯河原町	304,663	慰安・保養

日本温泉協会に加盟し、入浴客を届けた温泉地のみ。
日光湯元（457,675人）は表17に記した理由により除外。
平岩（306,000人）は、収容数52人の一旅館のみの温泉地なので、データに誤記があると判断して除外。
『日本温泉大鑑』・昭和15年版『温泉案内』により作成

城崎では、昨年から入浴客が相当増加している。温泉地として堅実な歩みを続けていたところだけに、入浴客も一般に自覚して静粛である。従来は団体客が押し寄せたものであるが、近来は大げさな団体旅行はみられなくなり、家族連れの滞在客、少数の団体客が多くなった。（有馬茂純「或る程度の時局反映」）

湯田は、長く逗留する客は少ないが、大陸帰り・大陸行きの猛者連中が夥しい金を落としていく。

図72　草津温泉組合発行のリーフレットの表紙
「国民精神総動員」というコピーとともに登山・ハイキング客が描かれている。銃後の保健のため心身鍛練が奨励され、ツーリズムの拡大をみた。

産業の好調な宇部・徳山・下松があり、週末はたちまち客であふれる。四国の道後は、九州の別府と海一つ隔てて繁栄を競っている。（小谷春夫「療養・行楽何れも繁栄」）

時勢で好況にある産業に近い九州北部では、交通の便のよい温泉地は相当に賑わっている。昭和一二年後半は、どこの温泉場も火の消えたように寂れたが、各地とも温泉報国のスローガンのもとに一斉に立ち上がった。そこにもってきて軍需景気で、家族連れの客が昭和一三年後半から大変な増え方である。

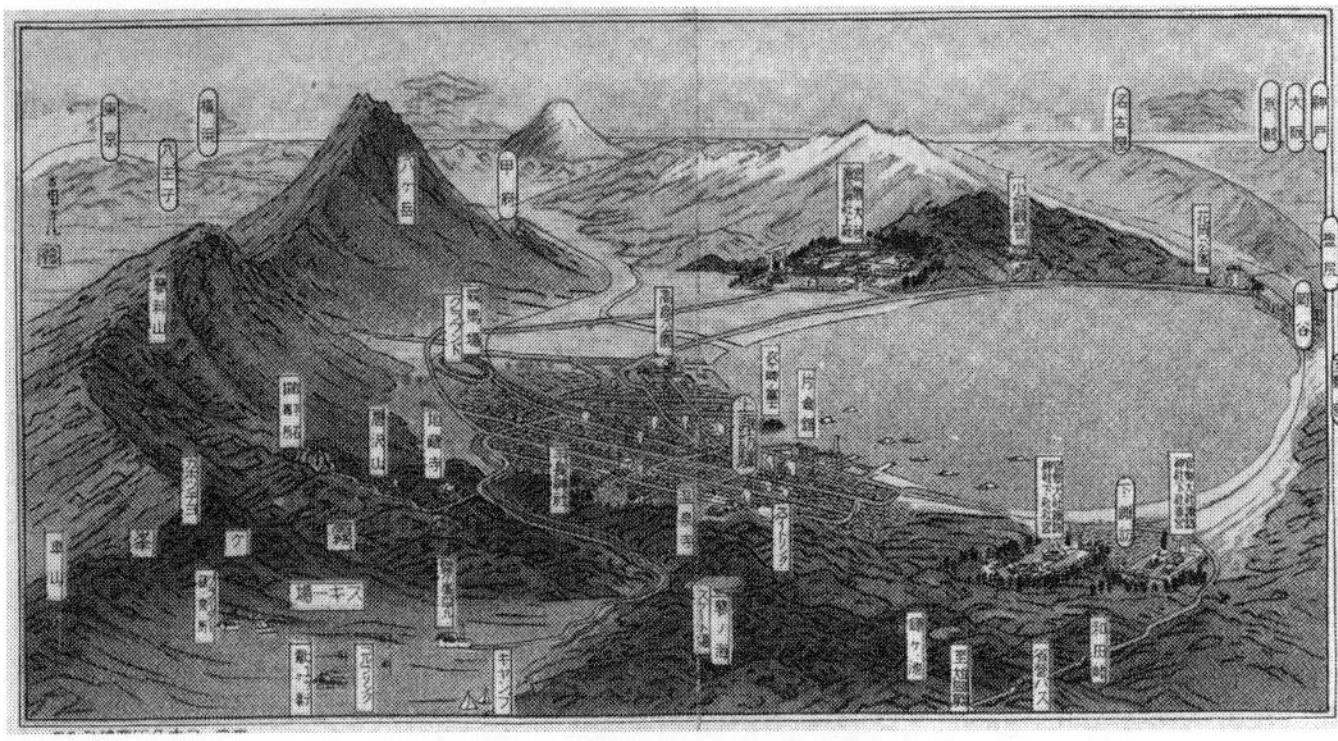

図73　上諏訪周辺の鳥瞰図

諏訪大社上社・下社や昭和４年（1929）財団法人設立の片倉館、観光開発の進む霧ヶ峰などがみえる。上諏訪温泉協会「上諏訪温泉案内」より

> 別府では、週末に突然出かけても宿が取れないという盛況であるが、さすがにお互いに自粛して、旅館で馬鹿騒ぎをするようなものはいない。ネオンサインや騒々しい蓄音機も姿を消した。地獄巡りの遊覧バス、鶴見園、ケーブルカー等の健康を旨とした遊覧地は、事変当初の低調を吹き飛ばして客が激増し、まさに黄金時代を現出せんとしている。（松本仙一「利用厚生の徹底化へ」）

このように健康増進という名目のもと、温泉地には入浴客が殺到していた。また、上諏訪・下諏訪では、諏訪大社の参拝とあわせて訪れる客が増加していたこともわかる（**図73**）。客層も団体旅行客から家族連れや個人客へと変化がみられた。

また、熱海芸妓置屋営業組合では、昭和一四年に芸妓の玉代の値下げ、一座敷二時間から一時間に切り替えて自粛を表明したが、毎月一日の「興亜奉公日」になると、休業せざるを得ない首都圏の芸妓たちが客同伴で繰り出したため、逆に熱海は賑わったという（『熱海歴史年表』一九九七年）。次第に自粛ムードが強くなりつつも、懐具合のよい客を目当てに、宿泊料の高騰した旅館も多かったのである。

●新体制運動への対応

昭和一五年（一九四〇）に入ると、鉄道省が「不要不急の旅行を遠慮して国策輸送にご協力下さい」とのポスターを各駅に張り出し、次第に旅行の制限に乗り出すようになった（『日本交通公社七十年史』一九八二年）。さらに昭和一五年一〇月には大政翼賛会、一一月には大日本産業報国会が結成された。

こうしたなか、熱海では年内に素早く新体制を整えた。その動きは次のようにまとめられる。

新体制実施において巻き起こされた時勢の波は、これまで遊楽的に発展してきた温泉場であればあるほど深刻な影響を蒙ったことは想像に難くない。その代表的なものとみられる熱海はその最たるものであろう。しかし、他の温泉地が対策に苦慮惨憺しているなかに、交通の便、風光の明媚、温暖な気候、豊富な温泉などの長所をもつ熱海は、新体制に即応する第一歩を踏み出した。

従来の熱海が甘受せざるを得なかった、宿泊料の不当・悪番頭の跳梁・芸妓酌婦の出入り・客の質的低下などの非難は、すべて業者の個人主義的営業から招来されたものであり、風紀の極度の退廃は、心ある人を嘆かせてきた。商工省令によって結成された熱海旅館商業組合は、円滑な物資の配給を第一の目的とするが、配給停止という制裁にもとづく統制力をもって、宿泊料や従業員の是正ができるようになった。また熱海温泉産業報国会が発会したが、それは労使の協調を計るためのものだけでなく、人的資源確保を目指す国家有用の職域とする意気が盛り込まれている。熱海は自ら新体制に向かって積極的な体制の準備を完成した。（初島時雨「統制と団結の力に期待」昭和一六年／一九四一）

遊蕩的なイメージの強い温泉地は新体制下で非難の的となり、深刻な影響を受けたが、その代表である熱海は新体制に即応して流石との印象を与えたのである。『温泉』に掲載された熱海旅館商業組合の広告には、「行かう！ 健康を求めて」「行かう！ 休養に」「吾等の保健道場」「青少年ト工場勤労者諸君ノ保健ヲ目指シテ」と、「健康温泉熱海」をうたう時局に対応したコピーが並んでいる（図74）。こうした動向は、熱海だ

図74　『温泉』に掲載された熱海温泉の広告
『温泉』13-7、昭和17年（1942）より

けに止まるものではなかった。

●日本温泉協会の改組

昭和一六年（一九四一）になると、「人的資源」を維持するため労働者や農民の健康増進が問題とされ、温泉の利用者側の団体である大日本産業報国会と産業組合中央会が中心となって、働く国民の休養のために温泉地を役立てようとする温泉厚生運動が進められた。それを大政翼賛会が一つの国家的運動として取り上げることとなり、八月には温泉厚生運動に関する官民協議会が開かれた（無署名「社団法人日本温泉協会改組経過報告」昭和一七年／一九四二）。

この動きと相前後して、業界団体である日本温泉協会でも「温泉こそは長期建設に最も必要な人的資源確保の厚生楽土であることの事実を強く印象せしめることが急務」として、体制が強化された。それは、各温泉地が部を組織し、それを都道府県単位の地方業会がまとめ、さらに日本温泉協会中央業会が統制するというものであった。（日本温泉協会「温泉業者の団結と協会強化」昭和一六年／一九四一）。『日本温泉大鑑』（昭和一六年刊）にも〝国防は健康から〟、〝健康は温泉から〟というスローガンが、小さなスペースながら掲げられている。そこでは、国家防衛のために人的資源が必要とされており、温泉は国民の体力や健康を増進する厚生資源として意義を見いだされていたのであった。

昭和一七年（一九四二）一月には、日本温泉協会が温泉厚生運動の中央指導機関となることが決定された。組織も改められ、大政翼賛会・大日本産業報国会・産業組合中央会などの団体からも日本温泉協会の理事に加わるようになり、温泉の厚生利用をさらに推進することになった。この年の『温泉』一三巻七号では「温泉厚生運動特集号」が組まれている。当時の温泉旅館の形態は、四割が旅館業・料理業の二つを兼業して部屋に芸妓・酌婦等が出入りするような高級旅館、二割が単一の業態で旅行者・保養者を目的とする旅館、四割が部屋を賃貸して客が食糧・寝具等を持参する自炊旅館と認識されていた（三浦謙吉「温泉厚生運動と温泉旅館経営の今後の方向」昭和一七年／一九四二）。依然として兼業旅館の多さが問題となっていたのである。

このように日本温泉協会は改組されたが、労働者や農民のための温泉厚生運動を主導する大日本産業報国会・産業組合中央会などから入った新理事と旧来からの理事との間には意見の対立が生まれた。大政翼賛会の斡旋で両者は一元化して温泉厚生運動を推進しようとしたものの、一年ほどで新理事たちは脱退するという結果になった。これらの動きは「無風地帯の協会に対して驚異的な運動が外部から波寄せて来た」と位置づけられている。温泉は特権階級の人びとのための金本意・娯楽本位のものになっていると捉え、産業戦士のための厚生利用を徹底させようとした新理事たちと、温泉厚生運動は日本温泉協会の活動の一部にすぎないと考え、これまでの活動に自負心をもつ協会側は、一つの組織の中で共存できなかったのである（阿部牧太郎「日本温泉協会の生動と今後」昭和一七年／一九四二）。

2　太平洋戦争開始後の動向

●温泉旅行の衰退

温泉厚生運動が進められるなか、各地の温泉地はどのような状況にあったのだろうか。昭和一六年から一七年にかけての年末年始の概況は、次のように、前年に比べて入浴客が大きく減少したところが多く、遊楽的気分が一掃され、厚生目的の家族連れ、軍需工場で働く「産業戦士」の一、二泊の旅行が目立つと報告されている（鈴木正紀「談話室」昭和一七年／一九四二）。

登別（北海道）…年末は激減したが、新春に入り多少盛り返す。近距離の家族連れと産業戦士が多い。
　湯治客を除くと一、二泊程度。遊興的気分なし。
浅虫（青森県）…前年と大差なし。学生が激減し、家族連れ増加。一泊が大部分。一二月一日より兼業
　旅館を廃止。
蔵王高湯（山形県）…前年より約六割二分減。産業戦士が目立って多く、例年多い学生は全体の一割程
　度。遊蕩気分一掃と消灯時間励行のポスター掲示の効果あり。
越後湯沢（新潟県）…かなり減少。卒業を繰り上げた向きの学生スキーヤーが多い。

湯田中（長野県）…相当の減。スキーヤーの減少が目立つ。産業戦士、女連れ減少。

箱根諸温泉（神奈川県）…約二割減。家族連れに次いで産業戦士が多く、遊興的気分なし。産業戦士歓迎の一端として宿泊料半額の実現へ邁進中。

熱海（静岡県）…例年予約の常連で超満員となるが、開戦と同時に取り消したものが多い。しかし年末が迫ると客が戻る傾向をみせたが、前年に比べてかなり減少。二泊前後の宿泊。

伊東（静岡県）…かなり減少。勤労階級が目立って多い。街頭には不健康色なし。

宇奈月（富山県）…かなり減少。男同士、学生が多い。一、二泊程度。

下呂（岐阜県）…約一割六分減。家族連れ断然多し。二、三泊。

片山津（石川県）…一割五分減。家族連れ増加。

城崎（兵庫県）…約四割減。家族連れが多く、大多数が一泊客。

霧島の諸温泉（鹿児島県）…年末は多少増、年始は減。付近農村の家族連れ、次いで若い女性が多く、三日位の滞在。産業戦士の優遇策として厚生宿泊料を設定。


浅虫の報告にある兼業旅館の廃止とは、料理業の兼業を返上し、旅館業一つに業態を改めたことをいう。浅虫は脂粉の香りがあまりに強く、青森一帯で「浅虫へ行く」ということは不道徳な行為とまでされていたという。昭和一六年当時、浅虫には二四軒の旅館があり、そのなかの七軒が自炊旅館、残り一七軒のうち、比較的大きな一一軒が料理業を許可されており、芸妓置屋は九

図75　浅虫温泉

大日本雄弁会講談社編『日本温泉案内　東部篇』昭和5年（1930）より

軒あった。昭和一五年の内務省による営業粛正の方針に呼応して、青森県労政課では浅虫浄化に取り組んでおり、昭和一六年八月には業者全員を青森警察署に集め、県の方針を示した。それは、①兼業を廃止し、業者は任意で旅館か料理屋の単業になる、②芸妓・酌婦の旅館への出入りは、許可を得た宴会の場合のみ五時から一〇時まで認め、芸妓を抱えていた旅館は他へ移す、③芸妓置屋には、生活問題もあるので料理業を許可し、商工省に申請して増改築を認める、というものであった。この改革後、これまでは女性を旅館に泊めたために、客一人に一部屋を与えねばならなかったが、これを禁止したため、八畳に三人、六畳に二人と客を入れることができるようになり、むしろ純益は上がっていると報告されている（亀谷久任「業態改革の炬火各地に揚がる」昭和一七年／一九四二）。

『温泉』一三巻一〇号の編輯後記には、昭和一七年の夏、「各温泉地の活況は大変なものであつたらしい。何年ぶりかの暑さと豊作を予想される好日照りで、押すな押すなの客足であつたのであろう。都会の食糧不足をのがれるものやら……不生産的な避暑人が多いのも社会的な面から面白くないことだ」とある。しかし、温泉旅行の賑わいも終焉に向かう。

昭和一八年（一九四三）になると、石炭などの重要物資を陸送するため、鉄道省は旅客輸送の制限を強め、**図76**にあるように、遊楽旅行の廃止、錬成に名をかりた旅行の禁止を広告したのであった。旅客量の急増に輸送能力は限界に達していたのである（**図32**参照）。しかし、このような広告が出されること自体、錬成を口実にした旅行が盛んであったことを示していよう。

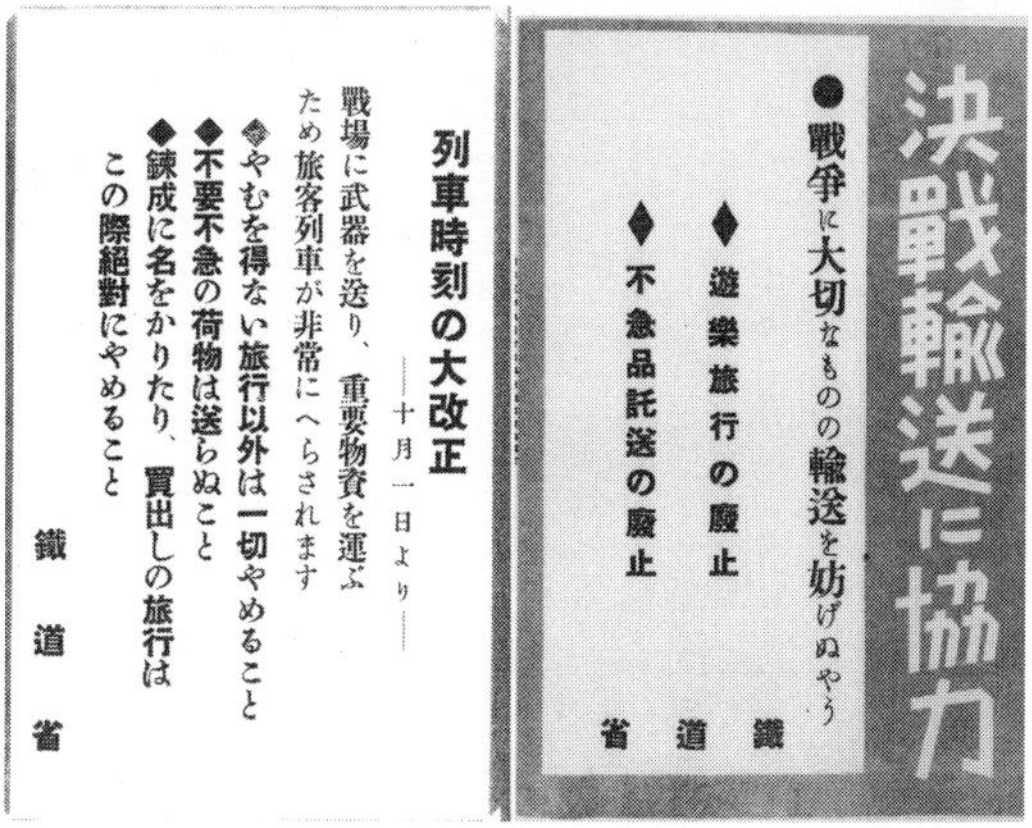
決戰輸送に協力
●戰爭に大切なものの輸送を妨げぬやう
◆遊楽旅行の廃止
◆不急品託送の廃止
鐵道省
列車時刻の大改正
―十月一日より―
戰場に武器を送り、重要物資を運ぶため旅客列車が非常にへらされます
◆やむを得ない旅行以外は一切やめること
◆不要不急の荷物は送らぬこと
◆錬成に名をかりたり、買出しの旅行はこの際絶對にやめること
鐵道省

図76　鉄道省の広告
『温泉』14-5、14-11、昭和18年（1943）の裏表紙
愛知大学豊橋図書館所蔵

●標準温泉地の設定

こうしたなか、日本温泉協会では、戦時下にふさわしい温泉地を推奨するため、標準温泉地の設定条件を、昭和一八年（一九四三）五月の定例理事会で定めている。温泉地が生き残るために必要であると当時の協会幹部が考えた諸条件を知りうる興味深い資料なので、その一部を紹介しておきたい（『温泉』一四―六）。

○ **温泉地全域の施設**

一．日本古来の美風に則り泉源を保護し神聖視する風潮を興すこと。

二．温泉神社、温泉寺参詣ならびに境内清掃奉仕を勧奨すること。

三．国家の健民修練施策に即応して健民地帯（運動場、集団野営場、徒歩行路、水泳場、スキー場等）を施設すること。

四．自然環境の風致整備ならびに保守に努むること。

五．温泉地区の雰囲気を和楽厚生的たらしむること。

六．開業医の在る温泉地にありては之に依嘱して浴客の療養相談に応ずること。

七．各旅館は旅館業務に関する国策の遂行に協力すること。

八．料理兼業旅館の存在せざること。

九．共同浴場の清潔保持、整頓、美化に努むること。

十．郷土資料館、自然園空閑地利用の蔬菜栽培地等を設置すること。

○ **旅館の整備**

一．客室室内の簡素美、清掃徹底、思想ならびに情操上、好影響を及ぼすべき調度品の選択または整備に留意すること。

二．浴場入浴ならびに飲湯の仕方および効能等を客室、応接室、食堂、休憩室等に判り易く掲出すること。脱衣場、浴槽、附属器具類の清掃および整備ならびに体重秤の整正を期すること。

以下略（三．接遇　四．一般産業戦士に対する施設　五．節電　六．従業員の厚生ならびに福利施設　七．防空ならびに防火施設の徹底）

このような具体的な条件を示し、国家的使命である体力増強・健民修練のため天与の霊泉を活用するという方針が、日本温泉協会によって明示された。『温泉』一四巻八号には「戦ふ温泉地」というタイトルで、熱海・伊豆山・箱根・湯平・京町・下呂の各地における標準温泉地の条件についての整備状況が報告されている。

●戦時下における温泉観

このように日本温泉協会の主導で、時局にふさわしい温泉地の整備を進めようとしたものの、各地の旅館では、営業の縮小が余儀なくされていた。今後の温泉地のあり方を提言する熱海温泉組合主事によるレポートによれば、その状況は次のようにまとめられる。

温泉は戦っているが、世間の人たちの中には、温泉を遊休の機関と思っている、しかも指導階級にそうした誤った観念にとらわれている人の多いことはどうしたことだろうか。今春以来の旅客輸送の制限によって、伊豆方面の温泉地では、数においては五割減、収入においては比較にならないほどに激減した。温泉地の旅館は享楽機関のように目されていた料理兼業を返上し、純粋な温泉旅館、古来の伝統を受け継いだ湯治場に還元し、第一線で活躍した皇軍将兵や重点産業の勤労戦士の保健休養所に、あるいは青少年の健民道場に提供する方向に転換しつつある。しかし、すでに重要物資の資源確保のために、鉄管の使用禁止、電力の使用制限、ガスの使用統制など、あらゆる規制によって、土地によっては大半が休止せざるを得ない条件に置かれている。ただ非難のみを加えて温泉地を萎縮させるよりも、進んで国是の施策に寄与させることこそ、指導的立場にある識者の責任ではないか。温泉地に生活するものは、父祖伝来の営業と温泉本来の使命達成に努力することこそ、決戦下の国民の本義であり、当然の義務である。(平野龍之介「温泉は戦ってゐる」昭和一八年/一九四三)

このように温泉地の立場からの主張がなされているが、一方で、日本温泉協会評議員・国際交通文化協会会長の肩書きで寄稿している三井高陽は、なお温泉地に対して厳しい認識をもっていた。要旨は次のとおりである。

かつてはいかがわしい嫖客を歓迎する広告や宣伝で享楽本位の経営を行っていた旅館が、急に時局を認識して転向したのならまだしも、今までの歓迎客は依然として歓迎し、こうした客を主としながらも、産業戦士歓迎とか錬成のための温泉旅館などと歯の浮くような広告を出しているくらい癪にさわるものは近頃ない。いかに鉄道当局が制限しても、いかがわしい客は温泉場に殺到する。しかも目にあまる行動は少しも減っていない。かつての自由主義の華やかな時代に、競って都会の延長となることを期し、純朴な鄙の湯の町をペンキとネオンで飾り立てた忌むべき発展策によって、山の湯、村の湯としての形態を崩し、小市民的生活を移入したためである。さらに、やたらに無理して湯を引いたために湧出量が減少し、噴出力のない湯を電気で吸い上げるようになり、一度電気が止まったら一滴の湯もでないというまでに都会化してしまった。模擬都会の衣を脱いで、温泉本来の姿に還れという私の主張は、何よりも大切な、有効な更生策であると確信する。温泉町の衰退は時局のためだという誤った観念を一掃しなければならない。むしろ時局は温泉町の更生のよい機会を与えたことに感謝すべきである。（三井高陽「温泉報国の途は一つ」昭和一九年／一九四四）

さまざまな識者によって温泉地の浄化や更生の必要性が繰り返し説かれてきたことは、既述のとおりである。結局、客の要望に応えつつ、したたかに利潤を追求する経営者サイドと、指導的立場にある人々の考えは相容れないのかもしれない。

なお、三井の文章が掲載されたのは『温泉』一五巻二号である。『日本温泉協会七〇年記念誌』には、昭和一九年一・二月合併号が戦中最後に発刊された機関誌とあるが、**図77**にあるように、少なくともここで取り上げた昭和一九年三月発行号が確認できる。この後、『温泉』は休刊になったと考えられる。

●疎開先としての温泉地

最後に、集団疎開の受け入れ地となった温泉地の状況について述べたい。昭和一九年（一九四

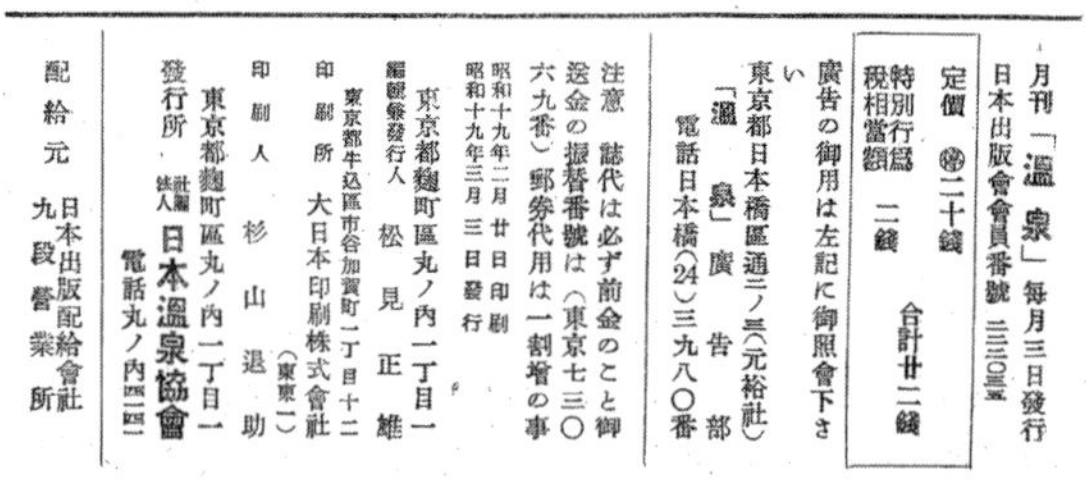
月刊「溫泉」每月三日發行
日本出版會會員番號 二三〇三五

定價 ㊕二十錢
特別行爲稅相當額 二錢 合計廿二錢

廣告の御用は左記に御照會下さい
東京都日本橋區通三ノ三（元裕社）
「溫泉」廣告部
電話日本橋（24）三九八〇番

注意 誌代は必ず前金のこと御送金の振替番號は（東京七三〇六九番）郵券代用は一割增の事

昭和十九年二月廿日印刷
昭和十九年三月三日發行
編輯發行人 松見正雄
東京都麴町區丸ノ內一丁目一
印刷所 大日本印刷株式會社
東京都牛込區市谷加賀町一丁目十二
印刷人 杉山退助（東東二）
發行所 社團法人 日本溫泉協會
東京都麴町區丸ノ內一丁目一
電話丸ノ內四二四一
配給元 日本出版配給會社 九段營業所

図77 『温泉』15-2の奥付の一部
愛知大学豊橋図書館所蔵

四）六月には、学童疎開の促進が閣議決定され、国民学校初等科三年生以上の児童の集団疎開が八月には実行に移された。都市別の疎開児童の見込み数は、東京都二〇万人、神奈川県四万人、大阪府八万人、兵庫県三万人、福岡県一万五千人、愛知県三万五千人という規模であった（内藤幾次『学童疎開』二〇〇一年）。宿泊施設のある温泉地は学童疎開の格好の受け入れ先となった。

神奈川県の場合、閣議決定では静岡県への集団疎開が計画されたが、県知事の意向で県内での疎開に変更された。七月に神奈川県・横浜市と受け入れ市町村との合同会議が開催されたとき、箱根温泉旅館組合の組合長で仙石原村長でもあった石村喜作が真っ先に賛意を示したという。翌日には箱根温泉旅館組合執行部が臨時総会を招集し、七千人余の受け入れを決定し、各旅館の面積などを基準にして**表19**のように収容人員が割り振られた。箱根全山の旅館が協力することとなったが、警察署との協議で、富士屋ホテル・強羅ホテル・金波楼などの数軒では一般営業を継続することとなった。のちに富士屋ホテルは全館を外国人収容にあてられ、終戦後は連合軍に接収されることになる（『箱根温泉史』一九八六年）。**表19**の宿割人員は、昭和一九年八月八日段階の数値で、組合加入旅館

表19　箱根温泉組合の旅館における疎開学童の受入状況

	畳数	収容人員	宿割人員
湯本町			1,467
福住	219.0	250	253
弥生館	267.0	270	273
恵比寿	132.0	150	144
萬寿福	134.0	150	127
玉泉荘	50.0	50	48
鎌倉屋	34.5	50	33
和泉館	157.5	80	
温泉村			1,755
奈良屋	384.5	330	277
明星館	34.0	40	35
対星館	217.5	150	150
大和屋ホテル	173.0	100	137
蔦屋旅館	223.0	300	219
梅屋	300.0	270	235
仙石屋	78.0	100	75
好楽荘	58.0	60	46
三河屋	346.0	350	302
藤木屋	40.5	40	25
万平	58.5	35	35
宮城野村			1,639
満千楼	76.0	100	62
観光旅館	441.0	400	355
くら田	124.0	90	92
常盤	278.5	250	196
小高庵	104.0	100	123
早雲閣	164.0	180	146
初音	46.0	50	33
翠光館	40.0	50	42
吉浜	92.0	100	82
吾妻館	136.5	150	134
早雲館	16.0	20	
元箱根村			1,197
駒ヶ岳ホテル	154.0	200	188
富士見楼	108.0	130	111
神山ホテル	281.0	280	231
金波楼	84.0	100	
武蔵屋	85.0	100	85
橋本屋	156.0	160	152
秀明館	254.0	250	251
芙蓉亭	68.0	70	63
箱根町			221
箱根ホテル	178.0	200	180
高杉	36.0	35	41
芦之湯村			401
松阪屋本店	98.5	120	100
紀伊国屋	431.5	285	301
仙石村			1,005
仙郷楼	389.0	350	264
俵石閣	205.0	180	147
万岳楼	268.0	250	201
冠峰楼	259.0	200	165

『箱根温泉史』1986年、箱根町立郷土資料館『おじいさん、おばあさんたちの学校』1995年より作成。各旅館の宿割人員の合計が町村の数値と一致しないのは、組合以外の施設も受け入れているためである。

のほか、民間会社の錬成所や健民寮、別荘なども受け入れ施設となっており、七つの町村の合計は七六八五人を数えた。いずれにせよ、学童一人あたりの広さはわずか一畳ほどしかない。

箱根への学童の集団疎開は八月一二日に始まった。温泉地では、宿舎としての設備があったものの、食糧生産地ではないゆえの苦労が絶えることはなかった。親元を離れた集団生活は皇国民錬成の道場ともなった。授業はもっぱら宿舎で行なわれ、高学年の学童は薪の採取が日課となっていた。箱根から疎開学童が横浜へ帰っていったのは、敗戦の混乱も少し収まった昭和二〇年（一九四五）一〇月下旬からであった。

また箱根では、昭和一七年に臨時東京第一陸軍病院箱根転地療養所が設けられ、昭和一九年一月には箱根分院となった。当時、湯本の箱根三昧荘を本部として、療養所施設として七つの旅館、衛生兵と看護婦の宿舎として各一つの旅館が使用されていた（『箱根温泉史』一九八六年）。

このように各地の温泉地では、学童の集団疎開を受け入れたり、軍の療養所として旅館が接収されたりした。健康増進・体力増強・健民修練などの理念を掲げた温泉地には、昭和一七年前後までは娯楽を求めた人々が押し寄せたが、ツーリズムが強く抑制されるようになると、温泉地も変容し、旅行目的地としての役割を失ったのである。

参考・引用文献

一九四五年以前の文献（刊年順）

ヘールッ・成島謙吉訳『日本温泉独案内』田中芳男、一八七九年。
折田佐吉『草津温泉の古々路恵』折田佐吉、一八八〇年。
桑原知明訳編『日本温泉考』桑田知明、一八八〇年。
ベルツ（別爾都）『日本鉱泉論』中央衛生会、一八八〇年。
山本誉吉『磯部鉱泉繁盛記』山本誉吉、一八八二年。
大川角造『草津鉱泉入浴教之捷径』大川角造、一八八五年。
内務省衛生局編『日本鉱泉誌』上巻・中巻・下巻、報行社、一八八六年。
青木純造『熱海鉱泉誌』大柴四郎、一八九〇年。
中谷与助編輯『佐賀県独案内　一名商工便覧』龍泉堂、一八九〇年。
山下友右衛門『佐賀県杵島郡武雄温泉誌』山下友右衛門、一八九一年。
樋口貞二郎『熱海温泉案内』気象萬千楼、一八九一年。
三宅徳介『但馬城崎湯島温泉案内記』斎藤甚左衛門、一八九三年。
斎藤甚左衛門『訂正増補　但馬城崎温泉案内記』斎藤甚左衛門、一八九五年。
斎藤要八『熱海錦嚢』芹澤政吉、一八九七年。

田中正太郎『塩原温泉紀勝』田中正太郎、一八九七年。

松尾富太郎『武蔵温泉誌』松尾富太郎、一八九八年。

飯島寅次郎『別所温泉誌』飯島寅次郎、一九〇〇年。

伊佐庭如矢『道後温泉誌略』道後温泉事務所、一九〇一年。

金尾種次郎『避暑漫遊旅行案内』金尾文淵堂、一九〇一年。

探勝会編『避暑旅行案内』妹尾勇吉、一九〇二年。

大塚陸太郎『鉱泉気候療法論』吐鳳堂書店、一九〇四年。

結城　琢『城崎温泉案内記』城崎温泉事務所、一九〇五年。

鉄道院編『鉄道院線沿道遊覧地案内』一九〇九年。

長尾折三『日本転地療養誌　一名浴泉案内』吐鳳堂書店、一九一〇年。

大浜六郎『山水名勝避暑案内』弘学館書店、一九一一年。

鉄道院編『鉄道院線沿道遊覧地案内』一九一一年。

城崎温泉事務所『城崎温泉誌』城崎温泉事務所、一九一三年。

内務省東京衛生試験所（石津利作編）*The mineral springs of Japan.* 一九一五年。

戸丸国三郎『伊香保案内』日本温泉協会代理部、一九一五年。

溝口信太『通俗　別府温泉案内』目醒社、一九一五年。

丸山福松『平穏温泉之栞』平穏温泉宿屋同業組合、一九一六年。

温泉調査会『転地療養温泉地案内』三徳社、一九一七年。

東京温泉案内社『保養遊覧日本温泉案内』誠文堂、一九一七年。

全国温泉案内社『全国温泉明細案内』阿蘭陀書房、一九一八年。

田山花袋『温泉めぐり』博文館、一九一八年。

東京温泉案内社『保養遊覧日本温泉案内　訂正増補版』誠文堂、一九一九年。

松川二郎『保養遊覧新温泉案内』有精堂、一九一九年。

石上録之助『保養遊覧全国温泉名勝めぐり』精文館書店、一九二〇年。

全国名所案内社『全国の温泉案内』岡村書店、一九二〇年。

鉄道院編『温泉案内』博文館、一九二〇年。

宇根義人『春夏秋冬温泉案内』東盛堂、一九二一年。

管　五太郎編『日本全国避暑旅行案内』野球界臨時増刊一二―一〇、一九二二年。

鉄道省編 *The Hot springs of Japan.* 一九二二年。

松川二郎『療養本位温泉案内』三徳社、一九二三年。

内務省衛生局編『全国温泉鉱泉ニ関スル調査』一九二三年。

戸丸国三郎『塩原温泉案内』日本温泉協会代理部、一九二四年。

松原　厚「三朝温泉泉源の配置」『地球』二―一、一七八〜一八二頁、一九二四年。

武富国三郎『山鹿温泉誌』武富国三郎、一九二六年。

鉄道省編『温泉案内』博文館、一九二七年。

佐藤曾平『草津町史』佐藤曾平、一九二八年。

内務省衛生局編（藤浪剛一執筆）『温泉療法』大日本私立衛生会、一九二八年。

井澤亥八郎「温泉に関する邦文図書総覧」日本旅行協会編『文部省東京博物館温泉展覧会記録』、一九二九年。

国民新聞編輯局編『温泉日本』啓成社、一九三〇年。

大日本雄弁会講談社編『日本温泉案内　西部篇』大日本雄弁会講談社、一九三〇年。

大日本雄弁会講談社編『日本温泉案内　東部篇』大日本雄弁会講談社、一九三〇年。

田山花袋『伊香保案内』日本温泉協会代理部、一九三〇年（初版一九一七年）。

鉄道省編『温泉案内』博文館、一九三一年。

無署名「温泉往来」『温泉』三―四、四四～四五頁、一九三二年。

三浦直彦「温泉と保健」『温泉』三―五、二～七頁、一九三二年。

静間和江「那須と塩原」『温泉』三―一一、二〇～二四頁、一九三二年。

山口市史編纂委員会編『山口市史』山口市役所、一九三三年。

西川義方『温泉と健康』南山堂書店、一九三四年。

熱海町役場観光課編『熱海』熱海町役場観光課、一九三四年。
F. de Garis ed. *We Japanese*. 山口正造（富士屋ホテル）、一九三四年。
内務省衛生局編『全国鉱泉調査』一九三五年。

山中忠雄編『温泉大鑑』日本温泉協会、一九三五年。

田村　剛「温泉場の経営」山中忠雄編『温泉大鑑』四四〇～四四九頁、一九三五年。

藤浪剛一「温泉地の衛生的設備」山中忠雄編『温泉大鑑』四二九～四三九頁、一九三五年。

山野旅四郎「ジャムプの水上温泉」『温泉』六―六、七六～七八頁、一九三五年。

西川義方『温泉須知』診断と治療社出版部、一九三七年。

西尾壽男「事変下に於ける鉄道省の宣伝方策―温泉場は今後如何に進むべきか―」『温泉』九―八、二～六頁、一九三八年。

藤浪剛一『温泉知識』丸善、一九三八年。

藤浪剛一「時局と温泉の開発・浄化」『医事衛生』八―二三、一五～一六頁、一九三八年。

酒本麟吾「新版伊豆温泉風景」『温泉』一〇―二、一〇〇～一〇五頁、一九三九年。

高木菊三郎「温泉記号の地図的表現」『温泉』一〇―九、四～六頁、一九三九年。

鈴木恒雄「自粛未だし」『温泉』一〇―九、三二～三五頁、一九三九年。

有馬茂純「或る程度の時局反映」『温泉』一〇―九、四〇～四二頁、一九三九年。

小谷春夫「療養・行楽何れも繁栄」『温泉』一〇―九、四二～四四頁、一九三九年。

松本仙一「利用厚生の徹底化へ」『温泉』一〇―一〇、七八～八〇頁、一九三九年。

原百助「客の質的変化その他」『温泉』一〇―一〇、八〇～八一頁、一九三九年。

鉄道省編『温泉案内』博文館、一九四〇年。

日本温泉協会編『日本温泉大鑑』博文館、一九四一年。

平山　嵩「温泉建築」日本温泉協会編『日本温泉大鑑』六五五～六七二頁、一九四一年。

初島時雨「統制と団結の力に期待」『温泉』一二―一、八～一〇頁、一九四一年。

日本温泉協会「温泉業者の団結と協会強化」『温泉』一二―三、一二～一八頁、一九四一年。

鈴木正紀「談話室」『温泉』一三―二、二八～二九頁、一九四二年。

三浦謙吉「温泉厚生運動と温泉旅館経営の今後の方向」『温泉』一三―七、六～一四頁、一九四二年。

無署名「社団法人日本温泉協会改組経過報告」『温泉』一三―七、一六～一七頁、一九四二年。

亀谷久任「業態改革の炬火各地に揚がる」『温泉』一三―七、四六～五二頁、一九四二年。

阿部牧太郎「日本温泉協会の生動と今後」『温泉』一三―一一、二～九頁、一九四二年。

平野龍之介「温泉は戦つてゐる―正しき認識を望む―」『温泉』一四―一〇、二四～二六頁、一九四三年。

三井高陽「温泉報国の途は一つ」『温泉』一五―二、二～五頁、一九四四年。

第二次大戦後の文献（著者順）

青森県史編さん近現代部会編『青森県史　資料編　近現代1』青森県、二〇〇二年。

熱海市『熱海市歴史年表』熱海市、一九九七年。

熱海市史編纂委員会篇『熱海市史　下巻』熱海市役所、一九六八年。

荒山正彦「風景のローカリズム―郷土をつくりあげる運動―」(「郷土」研究会編『郷土―表象と実践―』嵯峨野書院)九〇～一〇七頁、二〇〇三年。

有山輝雄『徳富蘇峰と国民新聞』吉川弘文館、一九九二年。

安中市市史刊行委員会編『安中市史　第五巻　近世資料編』安中市、二〇〇二年。

伊東市史編纂委員会編『伊東市史』伊東市教育委員会、一九五八年。

小野芳郎『〈清潔〉の近代「衛生唱歌」から「抗菌グッズ」へ』講談社、一九九七年。

温泉町史編集委員会編『温泉町史　第三巻』温泉町、一九九六年。

川島武宣・潮見俊隆・渡辺洋三編『温泉権の研究』勁草書房、一九六四年。

城崎町史編纂委員会編『城崎町史』城崎町、一九八八年。

黒田　勇『ラジオ体操の誕生』青弓社、一九九九年。

五井　信「書を持て、旅に出よう―明治三〇年代の旅と〈ガイドブック〉〈紀行文〉―」『近代日本文学』六三、三一～四四頁、二〇〇〇年。

幸田露伴ほか『日本八景　八大家執筆』平凡社、二〇〇五年(初版一九二八年)。

木暮金太夫・中沢晃三編『ベルツ博士と群馬の温泉』上毛新聞社、一九九〇年。

木暮金太夫「温泉番付について」同編『錦絵にみる日本の温泉』国書刊行会、一〇〇～一〇一頁、二〇〇三年。

木暮金太夫編『錦絵にみる日本の温泉』国書刊行会、二〇〇三年。

古馬牧村史編纂委員会編『古馬牧村史』月夜野町誌編纂委員会、一九七二年。

佐々木幸夫『花巻温泉物語(増補)』熊谷印刷出版部、一九九六年。

白幡洋三郎「日本八景の誕生―昭和初期の日本人の風景観―」(古川　彰・大西行雄編『環境イメージ論―人間環境の重層的風景―』弘文堂)二七七～三〇七頁、一九九二年。

鈴木　淳『新技術の社会誌』中央公論新社、一九九九年。

関戸明子「鳥瞰図に描かれた伊香保温泉の景観」『えりあぐんま』八、二三～四〇頁、二〇〇二年。

関戸明子「四万温泉の鳥瞰図を読む」『えりあぐんま』一〇、五～二四頁、二〇〇四年。

関戸明子「北関東における温泉地の近代化―温泉の利用形態と交通手段の変化―」『群馬大学教育学部紀要（人文・社会科学編）』五三、二〇一～二二二頁、二〇〇四年。

関戸明子「メディア・イベントと温泉―「国民新聞」主催「全国温泉十六佳選」をめぐって―」『群馬大学教育学部紀要（人文・社会科学編）』五四、六七～八三頁、二〇〇五年。

測量・地図百年史編集委員会編『測量・地図百年史』建設省国土地理院、一九七〇年。

高岡裕之「観光・厚生・旅行―ファシズム期のツーリズム―」赤澤史朗・北河賢三『文化とファシズム』日本経済評論社、九～五二頁、一九九三年。

高岡裕之編『総力戦と文化2　厚生運動・健民運動・読書運動』大月書店、二〇〇一年。

宝塚市史編集専門委員会編『宝塚市史　第三巻』宝塚市、一九七七年。

田川捷一『和倉温泉のれきし』能登印刷出版部、一九九二年。

武雄市図書館・歴史資料館編『温泉　和みの空間』武雄市図書館・歴史資料館、二〇〇三年
竹村民郎『大正文化　帝国のユートピア　世界史の転換期と大衆消費社会の形成』三元社、二〇〇四年。

筑紫野市史編さん委員会編『筑紫野市史　下巻』筑紫野市、一九九九年。

津金澤聰廣編『近代日本のメディア・イベント』同文館、一九九六年。

津金澤聰廣・有山輝雄編『戦時期日本のメディア・イベント』世界思想社、一九九八年。

「道後温泉」編集委員会編『道後温泉　増補版』松山市観光協会、一九八二年。

富田昭次『ホテルと日本近代』青弓社、二〇〇三年。

内藤幾次『学童疎開』同成社、二〇〇一年。

中川浩一『旅の文化誌―ガイドブックと時刻表と旅行者たち―』伝統と現代社、一九七九年。

日本温泉協会編『日本温泉協会七〇年記念誌』日本温泉協会、一九九九年。

日本交通公社社史編纂室編『日本交通公社七十年史』日本交通公社、一九八二年。

根本曽代子「へールツ先生没後一〇〇周年の回想」『薬史学雑誌』一七―二、七九～八六頁、一九八二年。

箱根温泉旅館協同組合編『箱根温泉史　七湯から十九湯へ』ぎょうせい、一九八六年。

副見恭子「ライマン雑記⒃　ライマンと助手たちⅤ　安達仁造と桑田知明」『地質ニュース』五三三、六六～七二頁、一九九九年。

藤野　豊『強制された健康　日本ファシズム下の生命と身体』吉川弘文館、二〇〇〇年。

藤森　清「明治三十五年・ツーリズムの想像力」小森陽一ほか著『メディア・表象・イデオロギー―明治三十年代の文化研究―』小沢書店、五〇～七一頁、一九九七年。

へールツ・庄司三男訳『日本年報』雄松堂出版、一九八三年。

別府市『別府市誌』別府市、一九八五年。

別府市観光協会編『別府温泉史』いずみ書房、一九六三年。

毎日新聞百年史刊行委員会編『毎日新聞百年史　一八七二―一九七二』毎日新聞、一九七二年。

松本市編『松本市史　第二巻』松本市、一九九五年。

丸山知良編『四万温泉史』四万温泉協会、一九七七年。

森　正人『四国遍路の近現代「モダン遍路」から「癒しの旅」まで』創元社、二〇〇五年。

八隅蘆菴（桜井正信監訳）『旅行用心集　現代訳　新装版』八坂書房、二〇〇一年。

八岩まどか『温泉と日本人　増補版』青弓社、二〇〇二年。

山鹿市史編纂室編『山鹿市史　下巻』山鹿市、一九八五年。

山口堅吉編『富士屋ホテル八〇年史』富士屋ホテル、一九五八年。

山口市編『山口市史　第一巻』山口市、一九五五年。

山村順次「東京観光圏における温泉観光地の地域的展開―温泉観光地の研究（第一報）―」『地理学評論』四〇―一一、六二五〜六四三頁、一九六七年。

山村順次『新観光地理学』大明堂、一九九五年。

山村順次『新版　日本の温泉地―その発達・現状とあり方―』日本温泉協会、一九九八年。

矢守一彦『古地図と風景』筑摩書房、一九八四年。

湯原公浩編『別冊太陽　大正・昭和の鳥瞰図絵師　吉田初三郎のパノラマ地図』平凡社、二〇〇二年。

あとがき

群馬大学附属図書館と地理学資料室には、戦前の群馬県女子師範学校郷土資料室のコレクションが受け継がれており、そのなかに温泉案内書や鳥瞰図が含まれている。いつかこれらを取り上げたいと考えていたが、そのきっかけとなったのは、平成一二年度福武学術文化振興財団研究助成「近代日本の歴史地理学的研究における地図資料の検討と活用」(研究代表者・米家志乃布)であった。そこで、草津などの温泉地の鳥瞰図を調査する機会をもつことができた。

その後、平成一三〜一六年度科学研究費補助金・基盤研究(A)(1)「近代日本の国土空間・社会空間の編成過程に関する歴史地理学的研究」(研究代表者・山根拓/中西僚太郎)において、温泉に関するさまざまな調査報告書や温泉案内書の検討を行った。さらに、平成一五〜一八年度科学研究費補助金・基盤研究(B)「近代日本の民間地図と画像資料の地理学的活用に関する基礎的研究」(研究代表者・関戸明子)では、鳥瞰図の分析を深めるとともに、メディア・イベントに着目し、絵はがきやリーフレットなども考察の対象に加えることになった。

本書はこの七年間にわたって続いた共同研究にもとづく成果である。年に二回のペースで、自らの研究成果を報告し、意見交換を行う場をもてたことは、日常の雑務に追われがちななかで、継続して課題に取り組んでいく大きな原動力となった。共同研究のメンバーの方々にお礼申し上げたい。

わたしが国立国会図書館に通い、マイクロフィッシュの閲覧に精を出していたのは平成一五〜一六年頃であった。明治期刊行図書の一部は、近代デジタルライブラリーによってウェッブ上で閲覧できるようになっていたが、著作権者の没後五〇年が確認できないものは対象外で、全体の複写もできず、直接マイクロフィッシュで内容を確認する必要があった。ところが平成一七年からは、著作権者が不明な図書も文化庁長官裁定によって、近代デジタルライブラリーに提供されはじめた。そのため、現在では大部分の国立国会図書館所蔵明治期刊行図書が手元のパソコンでインターネットを経由して閲覧可能となっている。

こうした環境の整備によって、明治期の温泉案内書を簡単に探し出し、閲覧することができるようになった。また、鉄道省の『温泉案内』ならば、古書市場で比較的安価に入手できる。それだけ数多く発行されたのであろう。本書を手がかりに、近代に出版された案内書を読み、温泉の「再発見」を楽しんでいただきたい。

最後に、ナカニシヤ出版の叢書・地球発見の一冊として、本書の出版に尽力いただいたすべての方々に心よりお礼申し上げます。そして本書を両親の霊前に捧げたいと思う。

二〇〇七年四月

関戸明子

■著者略歴
関戸明子（せきど・あきこ）
1962年　名古屋市生まれ。
1988年　奈良女子大学大学院人間文化研究科博士課程中途退学。
専　攻　歴史地理学，社会地理学。
現　在　群馬大学教育学部教授。博士（文学）。
著　書　『村落社会の空間構成と地域変容』大明堂，2000年，中西僚太郎・関戸明子編『近代日本の視覚的経験―絵地図と古写真の世界―』ナカニシヤ出版，2008年，神田孝治編『観光の空間―視点とアプローチ―』〔分担執筆〕ナカニシヤ出版，2009年，谷口真人編『地下水流動―モンスーンアジアの資源と循環―』〔分担執筆〕共立出版，2011年，白水智編『新・秋山記行』〔分担執筆〕高志書院，2012年，ほか。

【叢書・地球発見 7】
近代ツーリズムと温泉

2007年8月1日　初版第1刷発行
2012年8月20日　初版第2刷発行
（定価はカバーに表示しています）

著　者　関　戸　明　子
発行者　中　西　健　夫

発行所　株式会社　ナカニシヤ出版
〒606-8161　京都市左京区一乗寺木ノ本町 15
TEL (075)723-0111
FAX (075)723-0095
http://www.nakanishiya.co.jp/

印刷／製本・太洋社

ISBN978-4-7795-0007-7　C0325

叢書　地球発見

企画委員
千田　稔
山野正彦
金田章裕

8 東アジア都城紀行　高橋誠一　二三四頁　一八九〇円

9 子どもたちへの開発教育
――世界のリアルをどう教えるか――　西岡尚也　一六〇頁　一七八五円

10 世界を見せた明治の写真帳　三木理史　一九八頁　一九九五円

11 生きもの秘境のたび
――地球上いたるところにロマンあり――　高橋春成　一六八頁　一八九〇円

12 日本海はどう出来たか　能田　成　二一四頁　一九九五円

13 韓国・伝統文化のたび　岩鼻通明　一六五頁　二一〇〇円

14 バンクーバーはなぜ世界一住みやすい都市なのか　香川貴志　二〇〇頁　一八九〇円

●以下続刊――　各巻　四六判並製・価格は税込みです。